科學天地　202
World of Science

觀念物理

轉動力學‧萬有引力

CONCEPTUAL PHYSICS
THE HIGH SCHOOL PHYSICS PROGRAM

PAUL G. HEWITT

休伊特　著

蔡坤憲　譯

作者簡介

休伊特（Paul G. Hewitt）

高中時夢想當個拳擊手，畢業後開始學漫畫，後來從事畫戶外廣告招牌的工作。

27歲才決定回到學校，在麻州羅爾技術學院就讀物理系，是班上年紀最大的學生。

1964年，取得猶他州立大學科學教育與物理雙主修的碩士學位，

便到舊金山城市學院開始教學生涯，直到1999年退休。

1982年，休伊特獲得美國物理教師學會頒發的密立根講座獎。

獲獎原因是由於他在物理教學專業上的投入，發展出許多有趣而令人激賞的教學示範，

以及闡釋觀念的方式，讓很多原本不可能喜愛物理的學生，對物理產生興趣。

休伊特認為：教學不僅僅是工作，也不僅僅是專業，而是一種對待生命與生活的態度；

因此對於當老師的人來説，盡力把教學工作做好，是非常重要的一件事。

因為，不論學生有多大的熱情，老師都有能力把它澆熄；

但老師也同樣也有能力去激發學生，讓他們發揮出最大的潛能。

休伊特相信：學物理應該是很有趣的，雖然也許要相當用功，但一定是有趣的事。

《觀念物理》這套書正是他這個信仰底下的產物之一。

譯者簡介

蔡坤憲

因為高中時讀不懂物理，而一腳踏進物理教學的繽紛世界。

從東海大學物理系、國立交通大學電子物理所碩士畢業之後，

曾在中學服務三年，任教國中理化與高中物理等科目。

現服務於逢甲大學光電學系暨物理教學研究中心，

也在紐西蘭懷卡托大學科學與科技教育研究中心攻讀科學教育博士學位，

研究領域為物理教學、解題研究、師資培育與教育多媒體設計。

劍道是主要的業餘興趣。

譯有《觀念物理II》、《怎樣解題》，

著有《觀念物理VI：習題解答》（皆為天下文化出版）。

觀念物理 II

轉動力學 · 萬有引力 ——目錄

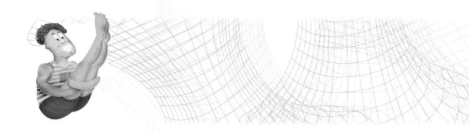

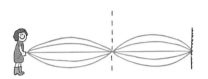

第 9 章

圓周運動

你有仔細看過遊樂場內的旋轉木馬嗎？是靠
近外圍欄杆的木馬跑得比較快，還是靠近裡
面的木馬跑得比較快？還有，遊樂場裡的
「飛天轉盤」一邊轉動一邊開始傾斜時，裡面的遊客為什麼不會掉下
來呢？試著用細繩綁著一個空罐頭，另一手抓著繩子，讓它在你的
頭頂上旋轉，若繩子忽然斷掉，罐頭會直接向外側（徑向方向）飛
出去，還是會沿著原來的運動方向（切線方向），直直地飛出去？我
們知道，在沿著軌道飛行的太空梭內，太空人會因「失重」而飄
浮，然而對將來某種會轉動的太空站而言，雖然也是同樣繞著軌道
飛行，裡面的太空人卻會受到與在地球上相同的重力？以上這些問

題，說明了本章的主旨。讓我們先從討論「旋轉」與「繞轉」的差別開始。

9.1 旋轉與繞轉

不論是飛天轉盤或是表演腳尖旋轉的溜冰選手，都是繞著一個「軸」轉動。軸是一條直線，繞著它的運動就是旋轉。當物體繞著內軸，也就是軸線在物體身體裡轉動時，我們稱這種運動為旋轉或自轉。前述的飛天轉盤與溜冰選手，都是在旋轉。

當物體繞著外軸轉動時，我們稱之為繞轉。雖然飛天轉盤做的是旋轉運動，但是站在轉盤裡的遊客，卻是對著同一個軸繞轉。

地球便是同時具有這兩種轉動的例子。地球以太陽為軸，每 $365\frac{1}{4}$ 天繞轉一周，我們稱之為公轉，此外，又以通過地理南北極的軸線，每 24 小時旋轉一周，我們稱之為自轉。

你是否從這裡看出了造成閏年的原因？因為地球在 365 天之後，還需要 1/4 天才能繞太陽一圈，所以每經過四年，我們便需要在日曆裡，多加上一天。

相對於太陽，地球自轉一周的週期是 24 小時。所謂一天 24 小時，是指地球上的某地，兩次正對太陽所需的時間。若相對於遠處的恆星而言，地球自轉一周只需要 23 小時又 56 分，為什麼？因為在地球自轉的同時，它也在繞日公轉的軌道上繞轉了約 1 度。（我們知道約有 1 度，是從一年約有 365 天估計出來的。）

▲ 圖 9.1
唱盤繞著自己的軸旋轉，同時停在唱盤邊緣的小瓢蟲，則是對同一個軸繞轉。

9.2　轉動的速率

　　我在本章之初問過大家關於旋轉木馬的問題，究竟是在外圈的木馬比較快，還是在內圈的木馬比較快？類似的問題是，唱片的哪一個部分運動得比較快？在圖9.1的老式唱片裡，哪一部分走得比較快？是外緣部分的唱片紋路，還是靠近中心的紋路？若是你拿這些問題去問別人，相信你得到的答案將不只一種，因為有些人考慮的是直線運動的速率，而有些人考慮的則是轉動的速率。

　　所謂「線速率」是指在單位時間內，物體運動所經的距離，也就是我們在第2章裡簡稱的速率。位於旋轉木馬或是唱片轉盤外緣的點，旋轉一周所經的距離，比內側靠近中心的點來得長，所以外側部分比起內側有較大的線速率。當物體以圓形軌跡運動時，它的速率可以稱為「切線速率」，因為物體的運動方向，就是該圓的切線方向。對圓周運動而言，線速率與切線速率這兩個名詞，是可以互相交替使用的。

　　「轉動速率」（有時叫做角速率）是指在單位時間內，物體轉動的圈數。對旋轉木馬或唱片轉盤這類不會變形的剛體而言，它們的各個部分在繞著轉軸旋轉一周所需的時間是完全相同的。因此，物體中各部分的旋轉變化率都相同，或者說在單位時間內旋轉的周次數都相同。我們常用 RPM 來表示轉動速率，也就是每分鐘若干轉（revolutions per minute）的意思。例如，在十幾年前還常見的電唱機中，唱片的正常轉速便是 $33\frac{1}{3}$ RPM，因此不論瓢蟲停在唱片上的任何地方，牠繞轉的轉速也會是 $33\frac{1}{3}$ RPM。

　　轉動速率通常是以單位時間內轉動的圈數，或是單位時間內轉

動的角度（度或弧度）來描述，代表轉速的符號是 ω（希臘字母，讀作omega），常用的單位有RPM、每秒若干度或每秒若干弧度。一度是指一圈的1/360，一弧度大約是指一圈的1/6，精確來說，應該是 $\frac{1}{2\pi}$ 乘上360度，也就是57.3度。關於弧度的問題，你也許會在比較進階的課程中學到。

切線速率與轉動速率有關。你有沒有坐過遊樂場內的摩天輪呢？當它轉動得愈快時，你的切線速率也就愈快。切線速率的大小，正比於轉動速率，以及與轉軸之間的徑向距離，因此我們可以說：

$$切線速率 \propto 徑向距離 \times 轉動速率$$

若是你將來選讀了較進階的物理課，你便會學到當我們採用了合適的單位後，切線速率v、轉動速率 ω 以及徑向距離r三者的關係便是 $v = r\omega$。不過，這個關係式，只適用於轉動系統的各部分在每一瞬間都有相同的轉速 ω 時，例如剛性的轉盤或棒子。然而，行星系便不適用於此公式，因為每一個行星都有各自不同的角速率 ω。（我們往後會學到，行星系的最內部行星，有較大的轉動速率與線速率。）

在轉盤的正中心，也就是轉軸的位置，是完全沒有切線速率的，但轉動速率還是存在，而你只是單純地轉動而已。當你遠離軸心時，你會運動地愈來愈快──轉動速率保持固定，切線速率卻愈來愈快。當你向外緣移動兩倍遠時，切線速率是原來的兩倍；移到三倍遠的地方時，切線速率也變成三倍。當溜冰的人手拉手排成一列，在溜冰場內繞中心旋轉時，最尾端那個氣喘吁吁的傢伙，就是這種運動的最好證明。

圖9.2 ▶
唱盤上的每一部分都有相同的轉速，但停在不同位置上的小瓢蟲，卻有不同的線速率。停在邊緣的瓢蟲與軸心的距離，是另一隻瓢蟲的兩倍，所以運動的速率也是牠的兩倍。

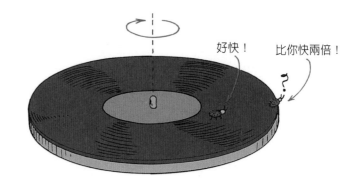

好快！　比你快兩倍！

總結來說來，在任何剛性的旋轉系統內，各部分的轉動速率都相同，但線性或切線速率則不然。切線速率視轉動速率以及與轉軸之間的距離而定。

❓ Question

1. 相對於地球的自轉軸而言，在地表上何處的轉動速率最大？何處的線速率最大？

2. 假設有一座旋轉木馬，外圈木馬與轉軸的距離，是內圈木馬的三倍。有位坐在內圈木馬上的男孩，他的轉動速率是 4 RPM，線速率是 2 公尺／秒，試問他坐在外圈木馬上的姊姊，所具有的轉動速率與線速率各是多少？

3. 火車行駛的鐵道都有兩條軌。在直線行駛的地方，兩條軌的長度相同，那麼在轉彎的地方，哪一條軌比較長呢？是靠近裡面的，還是外面的？

兩種不同的滾動方式

　　拿一個圓柱形的罐子在桌面上滾動。仔細觀察當罐子滾完一整圈之後，它所滾過的距離剛好等於罐子本身的圓周長，而且你會注意到罐子滾動的軌跡是一條直線。現在換一個口大底小的水杯（紙杯或塑膠杯都可以），杯口的半徑比較大。這時水杯滾動的軌跡還是直線嗎？或是一條曲線？杯口那端有否滾過較長的距離？是否有比較大的線速率？這不就是線速率與半徑有關的好例子嗎？

9.3　向心力

　　繩子的一端繫著小錫罐，另一端用手拉著，就像圖9.3那樣，讓小錫罐在頭頂上旋轉，你會發現你必須一直用力拉著繩子才行。你把繩子朝內拉，好讓錫罐在你的頭上繞圈圈，此種拉力，正是物體

▲圖9.3
唯一作用在旋轉的小錫罐上的力（若忽略重力），指向圓周運動的圓心，我們稱它為向心力。沒有其他向外的力作用在錫罐上。

Answer

1. 情況跟轉動的唱片相似，所有的地方都有相同的轉動速率。赤道地區因為距離地球自轉軸較遠，所以有較大的線速率。

2. 姊姊的轉動速率跟弟弟一樣，都是 4 RPM，切線速率則是 6 公尺/秒。因為旋轉木馬是剛體，所以每匹木馬的轉動速率是一樣的。由於外圈木馬與中心的距離，是內圈木馬的三倍，所以切線速率也是三倍。

3. 在外側的軌比較長，原因很簡單，因為半徑較大的圓，圓周也較長。

兩端瘦、中間胖的輪子

　　拿兩個紙杯或塑膠杯，以杯口對杯口的方式，用膠帶把它們黏在一起，如圖所示。黏在一起的杯子將很難在桌面上滾動，但如果我們為它準備一組軌道，情況就大不同了。拿兩把直尺當做「火車軌道」，讓它們互相平行，並且保持約一個杯子的寬度，讓黏起來的杯子在軌道上滾動。當杯口的黏接處對準軌道中央，也就是兩個杯子與軌道的接觸部分有大小相同的半徑時，滾動的軌跡很自然地成一條直線，因為兩邊都有相同的線速率。然後，我們把杯子移離中心一點點，注意觀察它們如何在滾動中「自我校正」。你是否注意到，與軌道接觸部分為比較寬的半徑那邊，滾動的速率比窄的那邊快？這種運動，會使這組杯子往中間方向轉去。當杯子轉超過中線時，另一邊會不會也發生一樣的情況，使杯子再往回轉呢？所以，你認為火車輪是屬於圓柱形，還是中間部分會稍微寬一些呢？

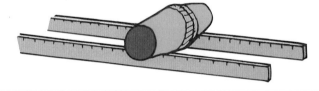

做圓周運動所需要的力。任何能讓物體循著圓形軌跡運動的力，我們稱為向心力。「向心」是「尋找中心」或是「指向中心」的意思。飛天轉盤裡的遊客，被牢牢地固定在飛天轉盤上的，也是這種指向中心的力。如果少了這種力，飛天轉盤裡的遊客，將會沿著切

科技中的物理

火車車輪

　　火車轉彎時，彎道外側的車輪會比內側車輪走較長的距離。由於火車車輪的形狀，在外側部分的半徑小於內側部分，且鐵軌表面也有一點兒弧度，所以車輪與鐵軌真正的接觸面積其實很少。當火車左轉彎時，使火車直線前進的慣性，會使右輪半徑比較大的部分推向右側的軌道，同時也讓左輪這邊半徑比較小的部分推向左側的軌道。既然兩側的車輪都接在相同的輪軸上，所以有一樣的轉動速率，但因為右輪接觸軌道的部分半徑較大，才能在左轉彎時有較大的線速率。

線方向直直地飛出去，而不會跟著轉盤旋轉。

　　向心力並不是一種新型的力，它只是一個名字，用來稱呼任何垂直於運動軌跡、有產生圓周運動傾向的力。穿透空間的重力與電力也都有向心力的性質。指向地球中心的重力，讓月球保持在一個近乎圓形的軌道上繞著地球轉；繞著原子核轉的電子，也是靠著向內指向原子核的電力，才能保持在軌道上運轉。

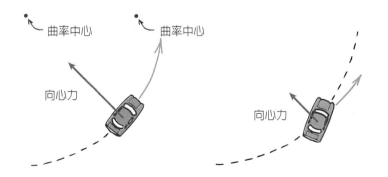

◀圖9.4
(左)汽車轉彎時，需有足夠的摩擦力來提供轉彎所需的向心力。
(右)若摩擦力不夠大，汽車會打滑。

當汽車轉彎時，來自輪胎與地面的摩擦力，會作用在汽車的側面方向，提供了汽車轉彎所需的向心力（圖9.4）。若是摩擦力不夠大，汽車便無法順利地轉彎，輪胎會向側邊滑，造成汽車打滑。

向心力是離心機運作的主要原理。大家都很熟悉的洗衣機脫水槽，便是一個很好的例子。高轉速自轉的脫水槽，由槽壁內側提供向心力，使濕衣服跟著脫水槽一起旋轉。脫水槽對衣服施力，但槽壁上的小孔卻使脫水槽無法對衣服裡的水施力，這些水滴會由小洞裡跑出來。在這裡有個很重要的觀念，向心力是作用在衣服上，而不是作用在水上，所以不是向心力讓水跑走的，而是由於慣性（牛頓第一運動定律）的緣故，使水沿直線方向運動（假若水沒有受到向心力或其他力作用的話）。所以，真是有趣，脫水槽的作用其實是讓衣服離開水，而不是讓水離開衣服。

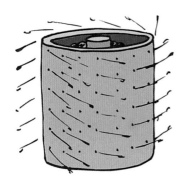

▲圖9.5
濕衣服因脫水槽作用的力而做圓周運動，但是裡面的水則不然。

9.4　向心力與離心力

在上一個例子裡，我們說圓周運動是因指向中心的力所造成的。然而有時候，圓周運動也會引起一種向外的力，我們稱之為離心力。顧名思義，「離心」有「逃離中心」或「遠離中心」的意思。向心力與離心力的大小，與做圓周運動物體的質量m、切線速率v以及曲率半徑r有關。若是你進階到較高級的課程，你將會學到確實的關係式是 $F=mv^2/r$。

▲圖9.6
當繩子斷裂時，旋轉中的錫罐會沿著原本圓周的切線方向直線飛去，而不是以徑向方向直接遠離圓心。

在繞轉小錫罐的例子裡，一般最常見的誤解，是離心力把錫罐往外側拉。若是綁著錫罐的繩子忽然斷了（圖9.6），就會有人誤解是離心力是把錫罐拉離圓周軌道的。但事實上，當繩子斷裂的瞬

間，錫罐沿著圓周的切線方向直線飛出去，這是因爲已經沒有任何力在作用的緣故。我們接下來用另一個例子來做說明。

設想你搭的車忽然來個緊急煞車，若是你沒有繫安全帶，你會往前衝向司機。在這種情況下，你不會說是因爲什麼力把你推出去的；你會說，你是因爲少了安全帶提供的力才會衝出去。同樣的道理，若是你坐的車突然向左來個急轉彎，你可能會摔到右邊的車門上。爲什麼？不是因爲某個向外的離心力，相反地，是因爲沒有什麼向心力能拉著你，好讓你跟著車子一起做圓周運動的關係。將離心力想成是把你推向車門的力，乃是另一個錯誤的觀念。

所以，當你拉著錫罐讓它做圓周運動時，是沒有任何把錫罐向外拉的力。唯一作用在錫罐上的力，來自於繩子把錫罐向內拉的力，而向外的力，是作用在繩子上，而不是在錫罐上。

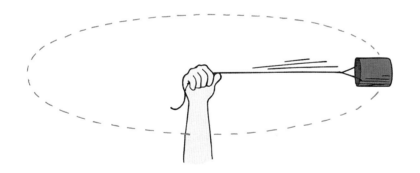

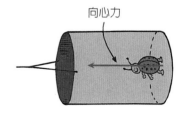

◀圖9.7
唯一作用在繞轉錫罐上的力（忽略重力），是向內指向圓心的力，也就是向心力。沒有任何向外的力作用在錫罐上。

向心力

▲圖9.8
錫罐提供了瓢蟲做圓周運動所需的向心力。

現在，我們想像有一隻瓢蟲站在繞轉中的錫罐裡（圖9.8）。錫罐的罐底會向前壓瓢蟲的腳，提供牠繞圓周運動所需的向心力，同時瓢蟲也會對錫罐罐底施力。在忽略重力的情況下，唯一作用在瓢蟲身上的力來自錫罐底、作用在瓢蟲腳上的那個力而已。從我們所在的靜止參考坐標系（錫罐坐標系之外）看來，我們找不到任何作

用在瓢蟲身上的離心力，這就和人在轉彎的車子裡被摔到車門上一樣，其實是沒有任何力作用在人身上的。這種「離心力效應」並不是起因於任何真正的力，而是起因於慣性，也就是讓維持直線運動的傾向。不過，你很難去告訴那隻瓢蟲其中的物理道理。

9.5　旋轉坐標系中的離心力

我們對大自然的觀點，會因我們採取的參考坐標不同而有異。例如，當我們坐在高速行駛的火車上時，相對於火車，我們是完全沒有運動的；但相對火車外靜止的地面，我們的確是以一個相當快的速率在運動。相對於某一個坐標系，我們有速率；相對另一個坐標系，卻可能沒有速率。力也有同樣的情形。回想一下繞轉錫罐內的小瓢蟲。由錫罐外靜止的參考坐標系來看，我們找不出有任何離心力作用在瓢蟲身上，不過卻能看到作用在錫罐上、使之做圓周運動的向心力。

然而，若以旋轉坐標系的角度來考量，我們看待大自然的觀點便會大不相同。在繞轉錫罐的旋轉坐標系裡，作用在瓢蟲身上的力有兩個，一個是向心力（由錫罐所提供），另一個是離心力。在這裡出現的離心力是與生俱來的一樣，就像重力那般真實。話雖如此，

圖 9.9 ▶
從錫罐內的旋轉坐標系來看，瓢蟲之所以能站在錫罐罐底，是由於一個直接遠離圓心方向的力。瓢蟲將這個向外的力稱為離心力，對牠而言，這個力就跟重力一樣真實。

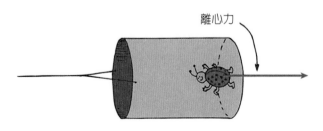

離心力

很像重力的離心力與真正的重力，在本質上還是有分別的。重力是
一種存在於兩個質量間的交互作用，我們感受到的重力，便是來自
於本身的質量與地球的質量兩者間的交互作用。然而，在旋轉坐標
系內的離心力，並不需要質量這種媒介，也就是毋需交互作用的夥
伴。離心力是轉動的效應，它不是交互作用中的一部分，所以不能
算是真正的力。基於這個理由，物理學家把它歸屬於「虛擬力」，有
別於重力、電磁力與核力。然而，對旋轉坐標系內的觀測者而言，
離心力是非常真實的，就像在地球的表面一定會有重力一樣，離心
力也一定會出現在轉動系統中。

❓ Question

1. 把一個重鐵球與彈簧連接，一起放在轉盤上，如圖所
   示。現有兩位觀測者，一位在旋轉坐標系內，另一位
   在靜止的地面上，兩人一起觀察鐵球的運動情形。哪
   一位觀測者會看到鐵球被往外拉，使彈簧拉伸？而哪
   一位會看到彈簧拉著鐵球，讓它做圓周運動？

2. 如圖，當鐵球位在轉盤的軸與邊緣的正中間時，彈簧
   的伸長量是10公分。現在我們移動支承彈簧的棒子，
   讓鐵球剛好位在轉盤邊緣上，也就是讓鐵球與轉盤軸
   心的距離加倍。請問，與移動棒子之前做比較，彈簧
   的伸長量會增大、減小、還是不變（10公分）？

物理 DIY

甩水桶

把水桶裝半滿，然後提著它在垂直面上甩，如圖所示。假如你甩得夠快，則水桶甩到你頭頂的時候，水並不會滴出來。有趣的是，雖然水桶裡的水不會整個灑下來，但還是會往下掉一點點。竅門是要快速地甩水桶，使水桶下落得跟裡面的水一樣快。由於水桶在繞轉，所以當水要脫離水桶向下掉時，其實是沿著切線方向在運動，因此會待在水桶裡，你能看得出來嗎？稍後我們將會學到，在軌道上飛行的太空梭也有類似的下落方式。太空梭所採用的策略，是讓它具有夠大的切線速率，如此一來，它便會掉沿著軌道繞地球下落，而不是掉到地球上。

A Answer

1. 在轉盤上的觀測者會說，離心力把球往徑向方向外拉，造成彈簧拉伸。在地面靜止坐標系的觀測者會說，由彈簧的拉伸產生的拉力，提供了鐵球做圓周運動所需的向心力。（只有在靜止坐標系內的觀測者，可以區別出作用力與反作用力；在這裡，作用力是彈簧對鐵球所施的力，反作用力則是鐵球對彈簧所施的力。但在旋轉坐標系內的觀測者，則無法辨識出離心力的反作用力，因為這個力根本不存在。）

2. 當鐵球與軸心的距離加倍後，它的線速率也跟著加倍。隨著速率的變大，向心力／離心力也會跟著變大，因此，彈簧的伸長量會增大。（我們在《觀測物理》第 III 冊第 18 章會學到彈簧的伸長量正比於所施的外力，所以就這個例子而言，當力加倍，伸長量便加倍，會從 10 公分變為 20 公分。）

9.6　模擬重力

　　想像一群住在腳踏車輪胎內的瓢蟲，我指的輪胎是類似登山越野車那種，車胎裡有比較大的空間。若我們把輪胎往上丟，或是把它從高空飛機上丟下去，那麼這些瓢蟲便會處在失重狀態，當輪胎自由下落時，牠們會覺得自己好像飄浮在空中。若我們再讓輪胎旋轉，則這些瓢蟲會感受到一股推力，把牠們推向胎內空間的外壁。如果車輪轉動的速率恰當，這群瓢蟲將感受到「模擬重力」，這種力跟牠們早就習以為常的重力感覺差不多。此時，離心力便冒充重力，而瓢蟲所謂「向下」的方向，就是我們所說向外輻射的方向。

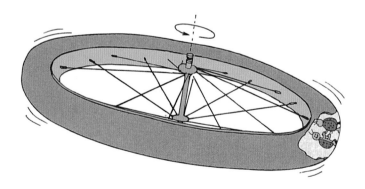

◀圖 9.10
在自由下落的轉動車輪裡，若轉動的速率恰當，輪胎內的瓢蟲對離心力的感覺，會好像重力一般。對車胎內的「居民」來說，所謂「向上」，其實是向心方向，而「向下」則是指向外輻射。

　　現今我們是住在一個球狀行星的外表面上，靠著重力使我們能在地球表面上活動。長久以來，地球一直是人類的搖籃，但我們將不會永遠待在搖籃裡。人類正往「星際遊客」的道路上邁進，不久的將來，很多人可能就會生活在一種體形巨大、笨重，但卻會旋轉的太空站裡，在那裡便是靠離心力來模擬重力。藉由這種重力的模擬，生活才得以正常運作。

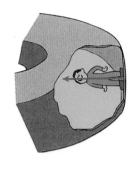

▲圖9.11
從轉動系統外觀看，輪胎內的人與地板間的交互作用似乎是靜止的。地板推著人（作用力），而人則反推回去（反作用力）。唯一作用在人身上的力，只有來自地板的作用力而已，它指向圓心，是向心力。

今日在太空梭裡的太空人，必須生活在失重狀態下，因為他們缺少一股支承力。他們不會被重力推向地板，也感受不到因轉動而產生的離心力。不過，未來的太空旅客則毋需生活在失重狀態下，因為他們的太空站會適當的旋轉，就像瓢蟲住的旋轉輪胎一樣，能提供有效的支承力，以及維妙維肖的模擬重力。

在地球表面上，我們覺得最舒服的重力大小是 1 g。在旋轉的太空站裡，我們所感受到的加速度，是來自旋轉產生的向心（離心）加速度。這個加速度的大小，與徑向距離及轉速的平方成正比，也就是說，對某一個已知的RPM而言，加速度的大小，會和切線速率一樣，隨著與軸心距離的增加而變大。若距離加倍，向心（離心）加速度也會加倍；若距離增為三倍，加速度也會變為三倍，依此類推。在轉軸上，由於徑向距離為零，所以沒有任何轉動加速度。

若太空站的規模太小，就必須要有很高的轉速才能模擬出重力加速度 1 g。然而，在我們的內耳裡，有一個精巧而敏感的器官，可以感覺出轉動。雖然，在每分鐘轉一圈（1 RPM）的轉速下，大部分的人都不會有適應上的困難，但當轉速大於2或3 RPM時，就會有很多人無法適應了（儘管有些人可以輕鬆地適應 10 RPM 左右的轉速）。若我們希望在 1 RPM的轉速下模擬出地球上的重力，我們便需要一個非常非常大的太空站才行──直徑幾乎是 2公里寬的太空站。相較於今日的太空梭，這樣大的太空站簡直算是龐然大物了。基於經濟的限制，第一代居住用的太空站，規模並不會太大。假如這些太空站沒有旋轉功能的話，太空人就必須適應在失重狀態下的生活。而那種可以旋轉、能模擬出重力環境的巨型太空站，很可能要更晚期才會出現。

若太空站的轉速可以讓住在太空站外壁的居民感受到 1 g 的「重

力」，那麼住在軸心與外壁中間的居民，就只能感受到 0.5 g 了。至於住在軸心的居民，便是處於失重狀態的 0 g 了。旋轉太空站內無限多可能的重力場，預告了一種與目前迥異、全然未知的生存環境。我們可以在 0.5 g 的地方跳芭蕾，在 0.2 g 或是更小 g 值的地方表演特技，或體驗在 g 值極小的地方踢三維空間足球或從事其他運動。人們將可以探索前所未有的各種可能性，這段帶我們離開熟悉的地球搖籃、邁向新願景的過程，將會是一段令人興奮的時光，尤其是對那些準備在這些冒險中扮演一角的人來說，更是如此。在此，我冒著把話說清楚的風險告訴你，這個太空旅程的預備動作，得先從你認真讀物理開始！

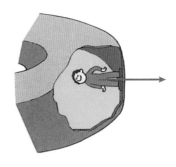

▲圖 9.12
從旋轉系統內部來看，除了人與地板間的交互作用外，還多了一個作用在人的質量中心上的離心力。它就像重力般的真實，然而，跟重力不同的是，它沒有反作用力！這個人拉不到系統外的任何東西。離心力不屬於交互作用中的任何一方，而只是轉動運動下的產物，因此被稱為虛擬力。

◀圖 9.13
美國航太總署（NASA）繪製的會旋轉的太空殖民地。

觀念摘要

當物體繞一個在體內的軸轉動時,稱為旋轉(或自轉);若是對著在一個體外的軸轉動,則稱為繞轉(或公轉)。

◆ 轉動速率是每單位時間內物體旋轉或繞轉的圈數。

向心力把物體拉向圓心運動。

◆ 物體沿著圓形軌道運動,乃向心力作用的結果。

◆ 當物體在做圓周運動時,並沒有任何將物體向外推離圓形軌跡的力。

◆ 在旋轉參考坐標系內,似乎有一個直直向外的力,可以模擬重力。

重要名詞解釋

軸 axis 物體旋轉或繞轉時所環繞的一條直線。(9.1)

旋轉 rotation 物體圍繞著體內的軸所做的自轉運動(通常軸都穿過其質量中心)(9.1)

繞轉 revolution 物體圍繞著體外的軸所做的轉動。(9.1)

線速率 linear speed 單位時間內運動的距離,也可簡稱為速率。(9.2)

轉動速率 rotational speed 單位時間內旋動或繞轉的圈數,通常以

每秒鐘或每分鐘若干圈為旋轉或繞轉的量度單位。（9.2）

切線速率　tangential speed　物體沿著圓形軌跡運動的線速率。（9.2）

向心力　centripetal force　指向中心的力，使物體做曲線運動（有時是圓周運動）。（9.3）

離心力　centrifugal force　一個旋轉或繞轉物體明顯的向外拉力。從某種意義來說，它是虛擬力。它不是交互作用的一部分，而是由於運動中的物體傾向於保持直線運動而產生的。（9.4）

借題複習

1. 試區別旋轉與繞轉運動。（9.1）

2. 請問坐在旋轉木馬上的小孩，對旋轉木馬的轉軸而言，是旋轉還是繞轉？（9.1）

3. 試區別線速率與轉動速率。（9.2）

4. 當物體做圓周運動時，線速率又稱為什麼？（9.2）

5. 在與轉軸距離固定的條件下，當轉動速率改變時，線速率（或切線速率）會如何改變？（9.2）

6. 在轉動速率固定的情況下，當與轉軸之間的距離改變時，線速率（或切線速率）會如何改變？（9.2）

7. 當你在一個平面上滾動一個圓柱體時，它會沿著直線運動。若是換成一個杯口比杯底大的玻璃杯在同一個平面上滾動，運動的軌跡就變成了圓形。為什麼？（9.2）

8. 當你拉著一端繫著小錫罐的繩子，讓錫罐在你的頭頂上做圓周運動時，錫罐的受力方向為何？（9.3）

9. 坐在飛天轉盤上的遊客，他們受到的力方向，是朝向圓心還是遠

離圓心？（9.3）

10. 作用在脫水槽內衣服上的力，方向是向內還是向外？（9.3）

11. 在汽車轉彎時，你所繫的安全帶提供你的是向心力還是離心力？（9.4）

12. 當繫著小錫罐的繩子在繞轉時忽然斷掉時，什麼原因會造成小錫罐沿著直線方向繼續前進？是向心力還是離心力？還是根本就沒有力？你的回答又是根據哪一個物理定律？（9.4）

13. 以圖9.9為例，請指出轉動中的錫罐與瓢蟲兩者間存在的作用力與反作用力。（9.5）

14. 在轉動中錫罐罐底的瓢蟲，會感受到離心力將牠推向罐底。錫罐外面可有任何造成此力的來源嗎？你能否標示出此力是屬於哪一對交互作用中的哪一個部分？如果可以，其中的反作用力又是什麼？（9.5）

15. 為什麼我們把在轉動系統中的瓢蟲所感受到的離心力稱為虛擬力？

16. 對一個已知大小、能夠旋轉的可住人太空站而言，模擬的重力大小與太空站的自轉速率有何關係？（9.6）

17. 若太空站的自轉速率固定，則模擬的重力大小，與居民所在位置的半徑大小有何關係？（9.6）

18. 為什麼將來那種可以模擬出重力、繞軌道運轉的太空站，規模可能會很巨大呢？（9.6）

想清楚，說明白

1. 想像你從轉動速率頗快的旋轉木馬上鬆手跌了下來，請問你會往

哪個方向飛出去？

2. 在轉盤的轉軸與轉盤邊緣的正中間，坐著一隻瓢蟲，試問在下面三個條件下，瓢蟲的線速率會做何改變？

   (a) 當轉盤的轉速加倍時？

   (b) 當瓢蟲改坐在轉盤的邊緣時？

   (c) 當 a 和 b 同時發生時？

3. 當地球自轉時，美國的哪一州會有最大的切線速率？

4. 汽車的速率計是由一條與轉動車輪的軸承所接的纜索所驅動的。當我們將汽車的車輪換成小一點的尺寸後，速率計顯示的速率，會比真正的速率來得大或小？

5. 接續前一題的觀念，當計程車司機希望藉由調整車輪的胎壓，來增加他跳表後的費用時，他應該幫輪胎多打一些氣，或是漏掉一些氣？

6. 將兩個杯子的杯底相連成下圖的形狀。這樣的設計，會有自我校正的功能且讓它保持在軌道上運動嗎？在你動手做實驗之前，先預測一下！

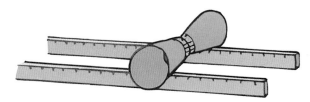

7. 如右圖所示，表演特技的機車騎士可以在「盆狀」軌道的垂直牆面上騎車。請問作用在機車上的力，是向心力還是離心力？請解釋看看。

8. 在天空翱翔的老鷹要轉彎時，作用在它身上的向心力從何而來？

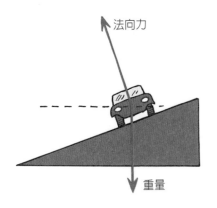

法向力

重量

9. 停在水平路面上的汽車，受有兩個力作用：它的重量（向下）以及法向力（向上）。回憶我們在《觀念物理》第 I 冊第 4 章裡所說的，法向力是支承力，永遠與支承的面相垂直。當車在水平的路面上轉彎時，法向力還是朝向正上方，而轉彎所需的向心力，便只有靠車輪與地面間的摩擦力來提供。假設現在路面是傾斜的，如此一來，法向力便會有一個分量來提供向心力，如左圖所示。你認為，有沒有可能在車速與曲率半徑已知的條件下，讓路面傾斜，汽車就可以在沒有摩擦力的情況下轉彎？請解釋你的原因。

10. 向心力對旋轉的物體有沒有做功？（提示：考慮向心力的方向及運動方向）請解釋看看。

11. 為什麼當地球自轉的速率增加時，人們的體重會減輕，而太空站自轉的速率增加時，裡面居民的體重卻會增加？

12. 太空人在一艘單獨在軌道上運行的太空梭內會感覺失重。試描述一個偉大構想，可以讓兩艘太空梭（甚至只有一艘太空梭，另一個是在軌道上的重物）上的太空人，只利用一條長纜線，便能夠一直感受跟在地球上一樣令人舒適的重力。

實戰演練

1. 火星與太陽的距離，大約是金星與太陽距離的兩倍。假設把火星繞行太陽一周的時間稱為「火星年」，那麼，一個「火星年」的時間，大約是一個「金星年」的三倍。試問：

(a) 這兩顆行星中的哪一顆，在它們的軌道上運行時有比較大的轉動速率？

(b) 哪一顆行星有比較大的線速率？

2. 假設在山頂上有一個旋轉台，轉速是每秒 10 圈。我們在旋轉台架設了一台雷射，當旋轉台與雷射在旋轉時，所發射出來的雷射光束也會跟著旋轉，並掃過天際。在黑夜裡，雷射光束可以射到 10 公里以外的雲。試問：

(a) 穿過雲層的雷射光束掃得有多快？

(b) 若雷射光束能穿過距離 20 公里外的雲層時，光束掃得又有多快？

(c) 在多遠的距離，才能使雷射光束掃過天空的速率達到光速那麼快（光速約 30 萬公里／秒）？（在第 15 章裡我們將會學到，沒有任何的物質能夠以光速運動，不過，在這裡我們所討論的是一個非物質的光束。它不只能以光速運行，當它的徑向距離再更大一點時，這個光束的速率甚至還會大於光速呢！）

3. 假設有一座規模很小的太空站，它是一個會旋轉的球形空間，半徑只有 4 公尺。在這個球形空間裡，站著一位身高 2 公尺的太空人，他的腳可以感受到 1g 的重力大小。試問他頭部感受到的加速度是多少？並解釋為什麼一個會旋轉的太空站必須要相當大才行。

4. 假想你站在一個會旋轉的太空站裡，你的腳跟頭部比起來會有較大的線速率及向心加速度。我們說有某個 g 值差存在於你的腳與頭之間，所以會令人覺得相當不舒服。然而根據研究，當這個 g 值差小於 $\frac{1}{100}$ g 時，人體並不會產生任何的不適。那麼，若以你的身高來比較，你需要一艘半徑多大的太空站，才能讓頭跟腳的 g 值差只有 $\frac{1}{100}$ g？

第10章

重 心

為什麼著名的比薩斜塔不會倒下來呢？在它倒下來之前，會傾斜到什麼程度呢？為什麼當我們把背和腳跟貼著牆壁站時，就沒辦法彎腰下來用手碰到腳趾頭呢？想要回答這些問題，我們首先得知道什麼是「重心」，然後還得知道如何把這個觀念應用到平衡跟穩定上。先讓我們先從重心開始吧！

10.1　重心

把一個棒球拋向空中，它會沿著一條平滑的拋物線落下來，但

如果丟出去的是一根球棒，它的軌跡就不會那麼平滑了。在整個飛行過程中，球棒似乎是搖搖晃晃地在飛行。不過，仔細點看，它可是以一個特別的點在搖晃，而這個點的軌跡，仍是一條拋物線，即使球棒的其他部分並不依拋物線軌跡在飛行，我們可以由圖 10.1 看出來。這根球棒的運動是兩種運動的合成：（1）繞著這個點的自轉運動，以及（2）將全部重量集中於該點所做的空中運動。這個特別的點就是球棒的重心。

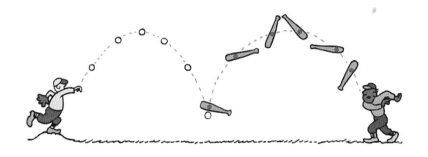

◀圖 10.1
棒球的重心與旋轉的球棒重心，都沿著拋物線軌跡運動。

　　物體的重心，位於該物體重量的平均位置。就一個形狀對稱的物體而言，如棒球，重心就在它的幾何中心上。但是，對一個形狀不對稱的物體來說，譬如頭重腳輕的球棒，重心的位置就會比較偏向重的那一端。而下圖中那塊三角形磁磚的重心，會坐落在距離底部三分之一高度的中線上。至於實心的圓錐體，重心則是在距離底

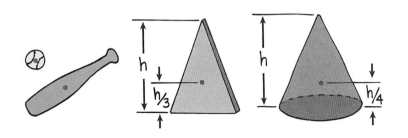

◀圖 10.2
各個物體的重心，都以有顏色的點標示出來。

▲圖10.3
不倒翁的重心，必定低於它的幾
何中心。

填入鉛的底
重心

圖10.4 ▶
旋轉中的扳手在滑過一個平面
時，重心（淺藍色圓點）的軌跡
近乎呈一條直線。

部四分之一高度的中線上。

　　若物體不是由相同的材料組成，也就是說物體的密度不均，則重心所在的位置可能會離幾何中心相當遠。例如一個空心的球，內填半滿的鉛，則此球的重心絕對不會是原來球心的位置，更確切地說，會落在填入鉛的那半球。若你滾動這顆球，會發現它終會停止，且儘可能讓重心保持在最低點。在這個球的上方黏一個重量很輕的小丑娃娃後，不論你怎麼推倒它，它一定會回到直立的姿勢。

　　圖10.4是根據多重閃光攝影技術從上方拍攝一個扳手滑過一平面的過程，而繪製的示意圖。注意觀察我們以淺藍色的點標示出來的扳手重心，它移動的軌跡近乎一條直線，而扳手的其他部分則是繞著這個重心旋轉。另外一個值得注意的現象是，在兩次閃光攝影的相同時間間隔內，重心所移動的距離也相等，因為在移動方向上淨力等於零。這只扳手的運動，事實上是重心的等速直線運動，與繞著重心的旋轉運動兩者組合而成的。

　　如果我們是把扳手朝空中拋出，則不管它怎麼旋轉，重心的軌跡一定是條平滑的拋物線。同樣的現象也發生在爆炸的拋體上，例如圖10.5的煙火施放。內力在爆炸的過程中並不會改變拋體的重心。有趣的是，若我們忽略空氣阻力，這些碎片的重心所飛行的軌跡，與沒有爆炸的拋體重心所飛行的軌跡完全相同。

◀圖10.5
爆炸前的煙火重心，與爆炸後的碎片重心，它們飛行的軌跡是一樣的。

10.2　質量中心

　　重心通常也稱做質量中心（質心），是由組成物體質量的粒子的平均位置。對絕大部分在地球上或是地表附近的物體而言，重心和質心是一組同義詞。唯一可能造成質心與重心不在同一點的情形，是當這個物體巨大到連它的內部組成都受到了不同的重力時。例如世界貿易中心（World Trade Center，位於紐約，1971年建成，樓高110層，高411公尺）的重心位置，便低於質心約1釐米，這是因為低樓層部分所受的重力略大於高樓層部分。對於日常生活的東西（包括高樓大廈），我們用質心或重心都代表相同的意思。

　　若我們把一只扳手朝空中拋出去，當它在空中邊飛邊轉動的時候，你會看到它繞著重心搖搖晃晃地飛行，而重心的軌跡是一條拋物線。同樣地，若我們丟的是一顆重量不對稱、也就是重心不在球心的球，它飛行的模樣也是搖搖晃晃的。因為類似的理由，太陽也是這樣「搖搖晃晃」的。如次頁的圖10.6所示，太陽系的質心，並不位於質量最大的太陽上，當然也不在太陽的幾何中心點上，為什

圖 10.6 ▼
如果全部的行星在太陽的一側排成一列的話，質心的位置會位在距太陽中心兩倍太陽半徑的地方。

麼？因為其他行星的質量對太陽系整體的質量也有貢獻。當行星在各自不同半徑的軌道上運行時，太陽事實上是有點搖搖晃晃的。天文學家也在觀測附近的恆星是否有類似的搖擺現象，因為這種搖擺現象是恆星具有行星系的指標。

太陽系的質心

10.3 尋找重心

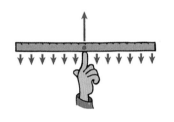

▲ 圖 10.7
整把尺的重量就好像全集中在中心點上。

一個形狀規則、材質均勻的物體，例如一把米尺，它的重心（也可以簡寫為CG）就是它的中點，也就是幾何中心。重心就是所謂的平衡點。我們只要拖著物體的平衡點，就可以支承整個物體了。在圖 10.7 中，許多向下的小箭頭代表重力是拉著整把尺的，不過，所有的這些力都可以把他們結合成一個作用在重心上的合力。這樣的效果，就和整把尺的重量都集中在重心上是一樣的，這就是為什麼我們只要用一根手指頭拖著重心，就可以讓它保持平衡了。

假設你只靠單一一點把某樣東西掛起來，譬如說單擺好了，那麼這個物體的重心會在懸掛點的正下方。要找出重心，可以沿著懸掛點劃一條垂直線，重心就會在那條線上。圖 10.8 顯示了如何用鉛錘線和鉛錘來標示垂直線的方法。我們只要把物體用不同的點懸掛兩次，得出兩條垂直線，則這兩條直線的交點就是重心所在。

物體的重心也可能落在實體以外。譬如一只戒指的重心就在它的幾何中心上，而那裡空空如也。中空的物體也是一樣，籃球便是一例。即時只是一半的戒指，或是半個中空球，重心仍不會落在實體上。此外，一個空的杯子、碗或回力棒，其重心所在也是空空如也。

▲圖 10.8
利用鉛錘尋找形狀不規則物體的重心。

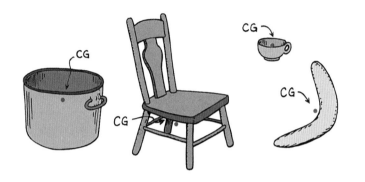

◀圖 10.9
這些物體的重心全都落在實體以外。

Question

1. 甜甜圈的重心在哪裡？
2. 一物體可能有一個以上的重心嗎？

Answer

1. 在中間那個洞的正中心！
2. 對堅硬剛體而言，只會有一個重心。如果不是剛體，例如黏土或油灰之類的東西，可以被捏成各種形狀，那麼物體的重心便會隨著不同的形狀改變。即使如此，每一種形狀都還是只有一個重心而已。

10.4　翻倒

如圖 10.10 所示，把一個鉛錘釘在重木塊的中心，然後傾斜這木塊，直到木塊翻倒為止。你可以看得出來，當鉛錘線超出木塊的底座時，它便開始翻覆。

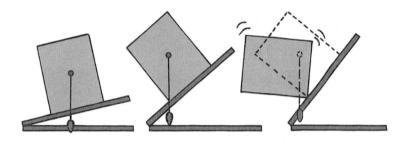

◀圖 10.10
當鉛錘線超出底面時，木塊就會翻倒了。

物體會翻倒的規則是：當重心仍然位在支承面的上方時，物體會保持直立狀態；當重心落到支承面以外的區域時，物體就會翻倒了。圖 10.11 很戲劇性地應用了這個原理。

圖 10.11（電腦繪製圖）▶
雙層巴士的傾斜測試。當上層坐滿了旅客而下層只有司機和車掌小姐時，車身必須能承受傾斜到28 度還不翻車。因為巴士大部分的重量都集中在下半部，即使上層坐滿了乘客，也只會將重心提高一點點，所以這輛巴士可以在超過安全極限 28 度時仍不翻車。

比薩斜塔之所以還沒有倒，就是因為它的重心還沒有超出底面的關係。如圖10.12所示，由重心處往下畫的一條垂直線，仍然落在底面內，所以比薩斜塔迄今已經矗立了幾世紀仍不墜。若它再多傾斜一點兒，使重心超出底面之外的時候，比薩斜塔就會倒了。

支承一個物體的底座（或底面），不一定都得是實心的固體。如圖10.13所示，椅子的四隻腳所圍出來矩形面積，就是那把椅子的支承底面。實際上來說，若比薩斜塔的傾斜角度變大的話，我們可以在比薩斜塔旁邊豎立起支承用的柱架，它的功用就是創造新的支承底面。只要重心位在支承底面之上，物體就能保持不墜。

你一定試過把長柄掃帚倒立，讓掃柄抵在手掌上試著去平衡它吧！這時支承底面很小，且也遠低於重心，所以很難保持平衡。不過，在經過一些練習之後，你就會學會怎麼去控制你的手，讓它能夠準確地跟著重心移動。你所學會的技巧，正是不多不少地對些微的重心變化做出恰當的反應。同樣的道理，在火箭發射升空時，高速電腦的精確計算可幫助沉重的火箭直直升空。電腦將各個噴嘴的點火規格化，以準確控制及校正，就像你的大腦會調節你手腳的移動好平衡倒立的掃帚那樣。這兩種「技藝」都是非常驚人的。

Question

1. 當你用一手提著重物，譬如提一桶水時，為什麼你的另一隻手也會朝另一個方向水平張開呢？
2. 為了不要被對手摔倒，摔角選手常常把兩腳打開，膝蓋彎曲。為什麼？
3. 如果我們拆掉圖1.13椅子的一隻前腳，則它的支承底面將做何改變？椅子會翻倒嗎？

▲圖10.12
比薩斜塔之所以還沒有倒，是因為它的重心仍然位在底面上方。

▲圖10.13
由椅子的四隻腳所圍出來的陰影區域，確定出這張椅子的支承底面。

Ⓐ Answer

1. 反方向張開的那隻手，會讓你身體的重心離重物遠一些，那麼你身體加重物整體的重心才可能落在支承底面的上方。最好的辦法是，把重物分成兩半，一手拿一半，或者是，用頭頂著！

2. 打開兩腳，可以增大支承底面；膝蓋彎曲則可以降低重心。

3. 原來椅子的支承底面是矩形，拆掉一隻腳後，底面變成了三角形，面積變為原來矩形的一半，此時的重心會稍微往後移，因為椅背占有相當的重量，再加上少了前腳，造成椅子的前半部重量減少，所以重心仍然落在三角形底面的上方。因此，椅子仍會保持直立，不會翻倒，除非，有人坐上去！

> 物理 DIY

男生 vs. 女生

男生女生分組，照圖上的方式來活動活動。先站在牆邊兩個腳長之外的地方，然後在身體與牆壁中間放一張椅子。將背部挺直，直接彎腰使頭頂到牆壁。接下來，讓頭部保持貼在牆上，再試著把椅子舉起來看看，然後把腰桿挺直起來。請用兩個理由說明，為什麼女生通常比男生容易做到這些動作？

兩個腳長

10.5　穩定性

如果我們想要用原子筆的筆尖把筆豎立在桌上，幾乎是不可能的事，不過若改用原子筆的另一頭，事情就容易多了，因為用筆尖

生物學中的物理

尾 巴

試著盡量把身體水平往前伸，看看你能伸得多遠。你能夠伸展多遠，得視你的重心何時會超出你的支承底面而定。而沼狸這類的動物能夠伸得比我們遠得多，而且還不會跌倒，牠們是怎麼做到的？答案是伸長牠的尾巴。尾巴伸長後，就可以讓身體的重心保持在腳上方。尾巴讓動物有改變身體重心位置的能力，且可增加身體的穩定性。我們從恐龍粗重的尾巴就可以想像，牠能夠把自己的頭往前伸到離腳很遠的地方！

來做當整隻原子筆的支承底面並不夠，只有另一頭才能勝任。然而，還有第二個理由。我們用一個木頭圓錐來說明。如圖10.14所示，我們沒辦法用尖的那一頭把圓錐豎立在水平面上。即使你不小心成功了，使它的重心在其支承底面之上，但只要有一點點小小的震動或空氣的流動，這個圓錐還是難逃翻倒的命運。在它翻倒的時候，它的重心位置會升高、降低、還是保持不變呢？這個問題的答案提供我們考慮穩定性的第二個理由。不用怎麼想我們就知道，只要有任何風吹草動，它的重心位置就會變低。我們說，當物體在平衡狀態時，若它遭受極微小的變動，使物體的重心位置降低的話，

◀圖10.14
平衡狀態是屬於：(a)不穩定，當位置有小改變時，重心的位置降低；(b)穩定，必須要做功才能提高重心位置；(c)隨遇的，當物體的位置改變時，重心位置既不提高也不降低。

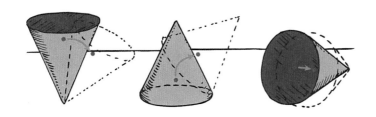

這便是一種「不穩定平衡」。

如果改以木頭圓錐的底部站在桌上，就一點都不困難了。此時，若是要翻倒它，就必須提高它的重心才行，也就是說要先增加木塊的位能，但這得要有做功才行。我們說處在平衡狀態下的物體，若有任何位置變化會造成重心提升的話，這便是一種「穩定平衡」。

現在我們把圓錐放倒，使它的側面跟桌面接觸，則當它的位置改變時，重心的位置既不會升高也不會降低。我們把這種平衡狀態稱作「隨遇平衡」。

跟圓錐形木塊的情形一樣，以筆尖站立的原子筆是處於不穩定平衡。如果是像圖10.15那樣用原子筆平坦的那頭站立的話，就是穩定平衡了，因為原子筆在倒下之前，重心必定會先升高一點，才又降低。

如圖10.16，我們來看看一本「站著」的書，跟一本「躺著」的書的穩定狀態。這兩種情況都屬於穩定平衡，但是你又知道躺著的書比較穩，因為要把一本躺著的書的重心提高到那個「要倒下的點」，比去推倒那本站著的書需要做更多的功。所以，一個重心較低物體，通常會比重心較高的物體來得穩定。

▲圖10.15
以平坦那頭站立的原子筆在倒下時，它必須先對底部的邊緣旋轉。而在旋轉的過程中，重心的位置會先升高然後降低。

圖10.16▶
要推倒一本站著的書，只要稍微提高一下它的重心即可；若是要推倒一本躺著的書，就必須要讓重心提升相當多才行。請問哪一種情況所需要的功比較多？

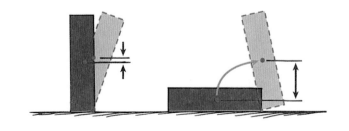

　　圖 10.17 的左邊畫了一枝鉛筆水平平衡地停在手指上，這枝鉛筆是處於不穩定平衡，因為只要稍一傾斜，它的重心就會降低。可是，如果我們在它的兩端各插上一顆馬鈴薯，像圖 10.17 的右邊畫的那樣，鉛筆就會變成穩定平衡了。為什麼？因為重心的位置已經低於支承點的高度了，且當鉛筆傾斜時，重心的位置會升高。

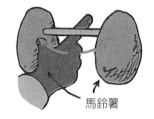

馬鈴薯

◀圖 10.17
（左）水平放在手指上的鉛筆，屬於不穩定平衡。（右）當鉛筆的兩端各插上一顆馬鈴薯後，就變成穩定平衡了，因為當鉛筆傾斜時，新的重心位置會升高。

❓ Question

說說看，為什麼圖 10.3 裡的不倒翁不會倒？

　　有很多有趣的平衡玩具，就是依據這個原理設計的。它們的秘密在於：把重心的位置設計在支承點的正下方，且讓玩具的大部分體積，看起來都在支承點的上方。圖 10.18 就是一個例子，因為這個玩具的重心，比它的支承點來得低，而且當它傾斜的時候，重心會升高，所以是處於穩定平衡的狀態。

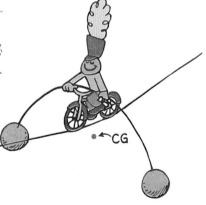

CG

🅐 Answer

當不倒翁站直的時候，它的重心位於最低點。稍微推它一下，它的重心位置會升高，重力位能也會增加。如果我們把它推倒，它會藉著重力的幫忙，很容易就彈了回來，好讓重心及位能維持最低。

▲圖 10.18
這個玩具處於穩定平衡，因為當它有點傾斜時，重心的位置會升高。

▲圖10.19
位於西雅圖的「太空針」示意
圖，它就像浮在海上的冰山一樣
地穩固。因為二者的重心都在海
平面以下。

圖10.20▶
（左）把桌球放到一個裝滿乾豆
的盒子底部。（右）在這個盒子
被左右搖晃時，桌球便給推了上
來。結果是整個系統的重心變低
了。

　　如果建築物有一大部分是建在地底下，它的重心就會低一些，這種設計對於又高又窄的建築來說，格外重要。最極端的一個例子，是位在西雅圖的「太空針」（Space Needle），它是華盛頓州內最高且獨自聳立的建築。因為它的「根」扎地非常深，所以它的重心實際上在地面以下。它不可能完好無缺地就這樣傾倒下去，為什麼？因為傾倒根本不會讓它的重心變得更低。事實上，如果我們讓它完好無缺地斜躺在地上，它的重心還比站著時來得高呢！

　　事實上，重心有尋找「最低可能位置」的傾向，我們可以由一個簡單的實驗來看。把一個很輕的物體，譬如桌球，擺在一個裝滿了乾豆或是小石子的盒子底部，然後搖動這個盒子，這時候你會發現豆子或小石頭會往下移動，迫使那顆桌球「浮」上來。在這個過程中，整個系統的重心就是在尋找較低的位置。

　　同樣的道理也可以用來思考一物體在水中上升並浮起來的現象。如果某物體的重量比相同體積的水來得輕，在這個物體浮到水面上的時候，整個系統的重心會降低，這是因為比較重（密度較大）的水，占據了原來物體在水裡、位置較低的空間。如果物體比同體積的水來得重，它的密度就比水大，且會沉到容器底部。因此，不管是沉體或浮體，重心最終都會到達較低的位置。然而，若物體的

重量與同體積的水一樣重的話（密度相同），那麼不管這個物體是沉是浮，系統的重心都不會改變，也就是說，只要這個物體保持在水面下，不論它在哪裡，都不會影響重心的位置。你也許已經想到，魚的體重應該和牠同體積的水一樣重（密度相同），否則魚兒無法在水面下的不同深度逗留。我們在《觀念物理》第 III 冊第 19 章還會再來談談這個問題，到時會更仔細地討論液體的特性。

搖動一個裝滿大小不同石頭的盒子，並仔細觀察。搖動會讓體積較小的石頭向下漏到大石頭之間的空隙中，因此降低了整體的重心，而體積大的石頭會被擠到上方。如果你搖的不是一盒石頭，而是一盒梅子的話，同樣的情形也會發生，較大顆的梅子會跑到上面。

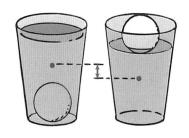

▲圖 10.21

（左）如果把一粒乒乓球黏在杯底的話，這杯水的重心會高一些；（右）若乒乓球浮在水面上的話，重心的位置則會低一些。

10.6 人體的重心

如果你站著，並把兩手朝身體兩側伸直，你的重心會坐落在你的身體內。一般說來，你的重心是位在肚臍下方 2 到 3 公分，而且約在身體前後的中間處。跟男生比起來，女生身體的重心位置較低，因為大部分女生的骨盆比較大，肩膀比較窄。兒童身體的重心會比成人高個 5%，因為在比例上兒童的頭部比較大，腳也短些。

如果改成雙手垂直伸直的站姿，身體的重心位置則會提高 5 到 8 公分。如果彎腰讓身體彎成 C 或 U 字形，則重心會落到身體外側，圖 10.22 中的跳高選手就是最好的例子，他跳過竿子那一瞬間，身體的重心就在竿子下方一點點。〔「背躍式跳高」是由美國跳高選手福斯貝利（Dick Fosbury）創造的，他用這種姿勢在 1968 年勇奪奧運的

▲圖 10.22

圖中這位跳高選手以著名的「背躍式跳高」（Fosbury flop）過竿時，身體的重心其實在竿子下方。

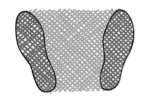

▲圖10.23
當你站著的時候，重心會落在兩腳圍成底面的上方某處。

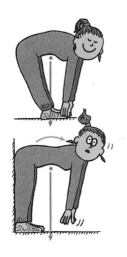

▲圖10.24
只要讓重心保持在腳所圍成底面的上方，你就可以彎下腰、用手碰到腳指頭而不會傾倒。

跳高金牌。〕

　　當你站著的時候，身體的重心會在由雙腳所圍成支承底面的上方。在不容易站穩的情況下，譬如站在顛簸公車的走道上時，我們常常會把雙腳張得開一些，好增大底面積。當然，若只用單腳站立，則會大大減小底面積。小嬰孩在學走路的時候，必須要學會如何調整重心的位置，讓重心保持在負責支撐身體的那隻腳上方。有很多的鳥類，例如鴿子，在牠們走動換腳的時候，會藉著頭部來來回回地「伸縮」，保持平衡。

　　你或許可以柔軟地彎下腰讓手碰到腳指頭，而不需要彎曲到膝蓋。在做這個動作的同時，其實你已經不自覺地將你的下半身拉伸了，如圖10.24。雖然這時你的身體重心已經是位在身體外面，但還是在腳所圍成底面的上方。如果你讓你的背部與腳跟貼著牆壁站著來做下腰的動作，你可能會覺得很驚訝，因為你竟然沒辦法摸到腳趾頭！道理很簡單，因為你已經無法調整身體，且重心會超出雙腳的底面，於是你失去平衡，向前傾倒。

　　所有的翻倒例子都說明一個規則：如果重心超出支撐底面之外，物體就會翻倒。知道這個規則會使你對許多熟悉現象的理解更為深刻，例如永保直立的玩具、建築物或是高聳參天的樹木等，以及它們最遠可以傾斜多少而不會翻倒。然而，知道這個規則只是一個開始而已，因為本章並沒有解釋為什麼當重心超出底面範圍時東西會翻倒的原因。這個原因與「力矩」的觀念有關，也就是下一章的主題。

　　其實，你並不需要上物理課，就可以知道球棒的平衡點在哪裡，如何用平的那一頭把鉛筆豎起來，或是當你把腳跟貼著牆壁站著的時候，是沒辦法下彎摸到腳趾頭的。不論有沒有學過物理，相

科技與社會
科學與偽科學

科學使用一種可以結合邏輯、觀察與實驗的強有力方法，來找出不同事物間的關聯，有時還會找出因果關係，其中包括提出科學可以處理的問題，與透過仔細、能夠控制的實驗來尋找答案。只有當重複的實驗都能產生一致的結果，以及有客觀的證據出現時，一個科學想法才能令人信服。這樣的想法能可靠地解釋和預測許多不同類型的事件。

偽科學不是科學。它宣稱能以科學的威力來解釋及預測事件，然而它卻缺少嚴謹的科學方法。通常，被偽科學拿來做為「證據」的東西，都是主觀的。偽科學或許也宣稱有因果關係，但卻不是經過詳細的邏輯推理過程得來的。

偽科學的危險，在於它會誤導我們相信一些非真實的事件，或是讓人以為我們知道了些什麼，事實則不然，因此，我們可能會據此做出不智的決定。雖然如此，偽科學仍然吸引了許多人，因為它可以激發出想像力，也可以簡化許多複雜的議題，或是撫慰對於未知事物的焦慮感。

報章雜誌上經常出現的占星術算是科學還是偽科學？為什麼是科學？或為什麼是偽科學？你又如何判定偽科學與否呢？

信每個人都知道，用手拉著繩子把自己吊在繩子下方，要比用兩隻手在地板上倒立來得容易多了；此外，不用鑽研物理，你也可以像體操選手般地保持平衡。但如果能了解物理正是許多你早已知道的事物的根本，也是件不錯的事！

「知道」並不永遠等於「了解」。了解需要從知識開始。所以我們從知道事物開始出發，然後逐漸加深對它們的了解，這才是物理知識最有助益的地方。

 觀念一把抓

觀念摘要

物體的重心,就是物體重量分布的中心點。

◆ 當物體被拋到空中時,它重心的飛行軌跡必定是一條平滑的拋物線,即使它在飛行時有自轉或搖擺的現象。

◆ 日常生活中常見物體的重心,就是它們的質心(質量中心)。

只要物體的重心位於支承底面的上方,物體就能保持不墜。

◆ 假若任何變動都會讓物體重心的位置提高的話,我們說該物體處於穩定平衡的狀態。

重要名詞解釋

重心 center of gravity 物體重量分布的中心點,可視為重力所作用的點。英文簡寫為CG。(10.1)

質心 centre of mass 物體質量分布的中心點,可視為質量集中的點。在一般狀況下,它就是重心。(10.2)

穩定平衡 stable equilibrium 物體的一種平衡狀態。在此狀態下,任何位移或轉動都會使物體重心的位置提高。(10.5)

不穩定平衡 unstable equilibrium 物體的一種平衡狀態。在此狀態下,任何位移或轉動都會使物體重心的位置降低(10.5)

隨遇平衡　neutral equilibrium　物體的一種平衡狀態。在此狀態下，任何微小變動都不會使物體重心的位置提高或降低。（10.5）

借題複習

1. 爲什麼球棒的重心不是在棒上的中心位置？（10.1）

2. 當一個自轉物體飛過空中或滑過水平面，它哪一個部分的運動軌跡會是一條平滑的曲線？（10.1）

3. 試描述一個拋體的重心軌跡，分爲在空中爆炸前與爆炸後的兩種情況。（10.1）

4. 在何種情況下，物體的重心與質心爲同一點？又在何種情況下，物體的重心與質心並不重合？（10.2）

5. 當我們觀測到某恆星以它的中心在搖擺時，可以做出什麼推論？（10.2）

6. 如何決定不規則形狀物體的重心？（10.3）

7. 試舉一個物體的重心所在空無一物的例子。（10.3）

8. 爲什麼比薩斜塔還沒有倒下來？（10.4）

9. 一個物體在翻倒之前，可以傾斜到什麼程度？（10.4）

10. 與將掃把倒立拖在手掌與火箭升空有何相似之處？（10.4）

11. 試區別穩定平衡、不穩定平衡與隨遇平衡。（10.5）

12. 當物體的重心提升時，它的重力位能是增加、減少還是不變？（10.5）

13. 爲何用手把自己吊起來，比用手讓身體倒立來得容易？（10.5）

14. 那些看起來老站不穩，卻又能保持穩定平衡的玩具有什麼「秘密」？（10.5）

15. 西雅圖「太空針」的穩定性從何而來？（10.5）

16. 在一盆乾豆中放入一顆桌球在盆底，當我們搖動盆子時，它的重心位置會如何改變？（10.5）

17. 若是把桌球按到一杯水的水面下時，重心會如何改變？（10.5）

18. 爲什麼跳高選手在通過竿子的那一刹那，會把他們的身體拱成 U 字形？（10.6）

19. 爲什麼當你站在顛簸的公車上時，你會把雙腳張得比平常開些？（10.6）

20. 當你把腳跟與背部貼著牆壁站時，你爲什麼沒辦法下腰摸到自己的腳指頭？（10.6）

課後實驗

1. 先把一條粗的硬鐵絲折成如左圖的勾勾，再拿它來掛一條皮帶。爲什麼這條皮帶平衡後會是圖中那個樣子。

2. 如下圖所示，雙手張開，拿一把直尺放在兩手的食指上，然後緩慢地移近兩根手指。當兩根食指在直尺的重心處相遇時，注意會發生什麼現象。不論兩根食指的起始位置在哪裡，上面的現象總

是會發生，你能解釋嗎？你看出摩擦力在此扮演的角色嗎？你有否注意到當某一根手指移動得比較快時，落在它上面的重量會變大，而使直尺不再滑動，反倒是另一根手指與直尺之間較小的摩擦力能使直尺滑動，並追上原先落後的距離。如果改用兩端輕重不同的棒子來試，你兩根手指還會在系統的重心處相遇嗎？

3. 拿一把鐵槌，按照右圖的方式把它懸吊在一根未綁緊在桌子上的直尺。請解釋為什麼這把鐵鎚不會掉下來。

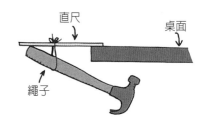

想清楚，說明白

1. 為了要讓汽車的輪胎保持平衡，特別是在輪胎磨損的程度不均勻時，修車技師往往把一些鉛塊塞到輪胎的邊緣上。想想看，一個平衡的輪胎的重心應該位於何處？

2. 如果沒有把脫水機內的衣服均勻地擺好，則脫水的時候會搖晃地非常厲害，為什麼？

3. 右圖中酒瓶與架子的擺法似乎違反常理。請問系統（酒瓶與架子）的重心在哪裡？

4. 下圖中這兩個玻璃杯哪一個不穩定，而且馬上就會翻倒？

5. 圖中的這些特技表演哪一個是穩定平衡？哪一個是不穩定平衡？哪一個幾乎是隨遇平衡？

6. 要如何來疊圖中這三塊磚頭，才能讓最上方的磚頭水平突出超出最底下的磚頭最多？我們可以把它們堆成如圖中虛線所表示的那樣，不過這並不穩定，上方的磚頭會倒下去。（提示：從最上面的磚頭開始往下想。在每一個界面上，上方磚頭的重心都不能超過下方磚頭的邊緣。）

7. 有一個裝滿了文件、未妥善固定在地板上的檔案櫃，若你拉開它的第一層會非常危險，為什麼？

8. 我們用 X 來表示停在山坡上的這三輛卡車的重心，請問其中哪（幾）輛卡車會翻倒？

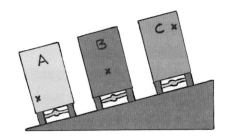

9. 為什麼一位懷孕後期的婦女，或有著啤酒肚的肥胖男子，在走路的時候，身體會習慣性地傾向後方。

10. 我們拿一個長軌道把它架成蹺蹺板的樣子，使它平衡，並把一對由壓縮了的彈簧串起來的高爾夫球與撞球放在上面，如圖所示。由這兩個球組成的重心，剛好位在蹺蹺板支承點（圖中的三角形支點）的正上方。當這個彈簧被鬆開以後，兩個球會朝反方向滾開、互相遠離。在兩個球都朝外側運動時，這個蹺蹺板會繼續保持平衡，還是會傾斜？你是根據哪一個原理解釋的？

第 11 章

轉動力學

我們推一個沒有受到束縛的物體，便可以讓它運動。有些物體只有移動，沒有轉動；有些則是只有轉動，沒有移動；也有的物體既移動又轉動。譬如一顆被踢到空中的足球，通常是邊飛邊翻滾個不停。當物體受力而運動時，是什麼決定它是否轉動的因素？本章的主題正是討論這些會影響轉動運動的各項因素，我們也會了解，如何用這些因素來解釋體操選手、溜冰舞者以及跳水選手的大部分技巧。

11.1　力矩

　　每次當你開門、轉動水龍頭，或是用扳手鎖緊螺絲的時候，你都施了一個轉動力，這力會產生一個「力矩」。力矩與力不同。如果你要一個物體運動，你必須施力，力有讓物體產生加速度的傾向。但是若你要轉動一個物體或旋轉它，則你必須施以一個力矩，力矩會造成旋轉。

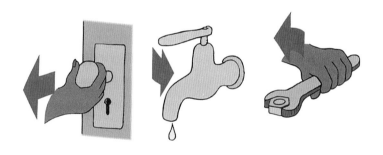

◀圖 11.1
力矩造成旋轉

　　當我們利用「槓桿利率」施力時，力矩就產生了。使用拔釘錘拔出釘在木板內的鐵釘，就是槓桿利率的好例子：拔釘錘的把手愈長、槓桿利率愈大，也就愈省力。長柄鐵橇所提供的槓桿利率，比拔釘錘還來得大。此外，我們常用螺絲起子、奶油餐刀來開油漆罐的蓋子，也是應用槓桿利率。

　　我們在開門時，便需要用到力矩。門把總是設計在離門軸很遠的地方，目的在於讓你推或拉門把時，可以產生比較大的槓桿利率。施力的方向很重要。開門時，你絕對不能在平行於門板的方向上施力，門是根本不會動的，你應該在與門板垂直的方向上施力才對。相信實際的生活經驗已經教會你，垂直地推門或拉門把比較容

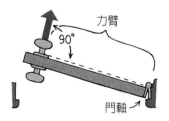

▲圖 11.2
當一個與門板垂直的力作用在門把上時，門軸與門把之間的距離就是力臂。

易把門把開，也比較省力。

　　如果你曾經使用過短柄和長柄的扳手，相信你可以感覺到長柄扳手有比較大的槓桿利率，使用上比較省力。當施力方向與扳手握柄垂直時，從轉軸到施力點的距離我們叫做「力臂」。如果力不與力臂垂直，則只有該力的垂直分量（$F_\perp$）會對力矩有貢獻。我們把力矩定義為：

$$力矩 ＝ 力_\perp \times 力臂$$

　　因此，相同大小的力矩可以由一個大的力與短的力臂，或是由一個小的力與長的力臂產生。當力與力臂都很大時，產生的力矩當然就更大了。力矩的單位是牛頓・公尺，功的單位也是牛頓・公尺（也就是焦耳），但是功和力矩非常不同。對功有貢獻的，是沿著運動方向上的力；對力矩有貢獻的，是垂直於力臂方向上的力。

圖 11.3 ▶
雖然圖中這三種情形的施力大小完全相同，但產生的力矩卻不一樣。只有在垂直於力臂方向的分量，才對力矩有貢獻。

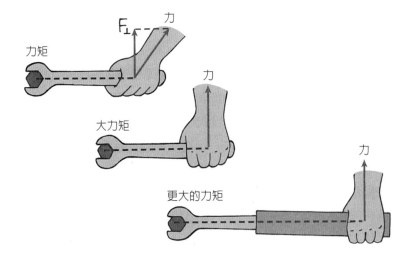

❓ Question

1. 如果將門把改裝在門板的中央，而不是靠近邊緣，則在開門時，需要花多少力才能產生相同的力矩？

2. 假設你沒辦法轉動一個鎖的很緊的螺栓，那麼你像下圖那樣拿一條繩子綁在扳手的握柄上，則你可以因此產生更多的力矩嗎？

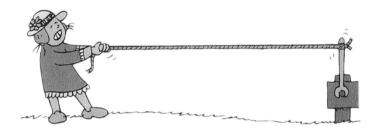

Ⓐ Answer

1. 兩倍大的力。因為門把在中央時的力臂只有在邊緣時的一半長。以數學式子來說明，2F × d/2 ＝ F × d，其中 F 代表施力，d 是門軸到門緣的距離，d/2 就是門軸到門板中央的距離。

2. 不會，因為力臂並沒有改變。想要增長力臂的話，應該讓扳手的長度加長，最好的方法就是套一根管子在扳手握柄上。

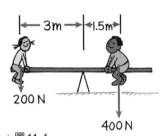

▲圖11.4
一對力矩可以互相平衡。

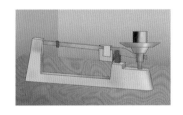

▲圖11.5
三樑天平的原理是基於力矩的平衡。

11.2　力矩的平衡

對玩蹺蹺板的小朋友來說，力矩是很熟悉的觀念。即使體重不同，小朋友也知道該如何讓蹺蹺板保持平衡。只有體重，並不會造成蹺蹺板轉動，要有力矩才行！小朋友很快就學會，他們坐的位置到蹺蹺板轉軸的距離，跟他們的體重一樣重要（圖11.4）。當體重比較輕的小女生坐在蹺蹺板的邊邊時，體重比較重的小男生就會坐得離轉軸近一些，這樣才能保持蹺蹺板的平衡。如果小男生產生的順時針方向力矩，等於小女生產生的逆時針方向力矩，蹺蹺板就達到平衡了。

需要滑動砝碼來平衡的三樑天平，其原理不是因為質量平衡，而是力矩平衡。藉由不斷調整砝碼的位置來平衡天平，直到逆時針方向上的力矩，等於順時針方向的力矩為止（圖11.5），天平的力臂便可以保持水平。

11.3　力矩與重心

如果你把腳跟與背部貼著牆壁站好，然後下腰準備用手去碰腳指頭，相信你很快就會發現你自己會「旋轉」（圖11.6）。回憶我們在第10章裡討論過的，如果在重心的下方沒有支承底面的話，物體將會翻倒。若是你雙腳圍成的底面不在你重心的下方，那麼便會有一個力矩產生。現在你應該了解引起翻倒的原因，就是這個力矩了吧。

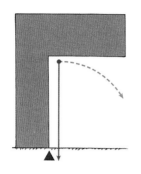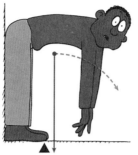

◀圖 11.6
圖中這個 L 形的托架，會因為一個力矩而翻倒。同樣地，當你把腳跟與背部貼著牆壁站好，然後彎下腰準備用手去碰腳指頭時，也會因為你身體的重心超出兩腳的底面而產生一個力矩。

我們在本章的一開始就問過大家，是什麼因素讓一顆被踢到空中的足球邊飛邊轉？答案包括了重心、力與力矩。你知道若是要發射一個拋體，需要施力才行，不論這個拋體是足球還是飛盤。如果我們施力的方向恰好通過拋體的重心，那麼這個力會把這個拋體視為一個整體來作用，將所有的力都用在移動它，而不會產生額外的力矩讓拋體繞著它的重心旋轉。然而，若我們施力的方向沒有對準重心，那麼除了重心的移動之外，這個拋體還會繞著自己的重心旋轉。

比方說，當你丟出一個球使它旋轉，或是扔出一只飛盤時，一定要有一個不作用在轉軸方向上的力才行，也就是說施力必須作用在拋體的邊緣上，如此才能產生力矩，使拋體可以旋轉。如果你想讓你踢出去的橄欖球不在空中翻轉，記得要朝著球的正中央踢出去（圖 11.7 上方）；同理，如果你希望你踢出去的球，是邊飛邊翻轉的話，你必須瞄準球的下半部分才行（圖 11.7 下方），如此一來，你便同時把力矩與力都作用到球上了。

▲圖 11.7
若對著橄欖球的重心方向用力一踢，則球在飛行途中並不會翻轉。若對著略低或略高於重心的方向踢，球便會邊飛邊轉動了。

解題要領

　　拿一把直尺，把它從中央懸吊起來，並把一個20牛頓重的木塊掛在刻度為80公分的地方。在我們把另一個未知重量的木塊掛在刻度10公分的地方時，這把直尺恰可保持平衡。試問第二個木塊的重量是多少？

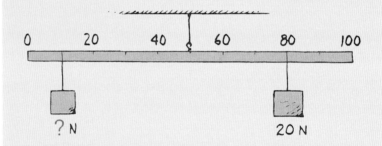

　　你可以利用力矩平衡的原理來計算此木塊的重量。這個木塊會使兩木塊與直尺組合成的系統有產生逆時針方向（ccw）力矩的傾向，而20牛頓重的木塊，則使此系統有產生順時針方向（cw）力矩的傾向，當這兩個力矩相等的時候，系統會保持平衡：

逆時針方向力矩＝順時針方向力矩

$$(F_\perp d)_{\mathrm{ccw}} = (F_\perp d)_{\mathrm{cw}}$$

經過簡單的移項運算，我們便可以計算出未知木塊的重量：

$$F_{\perp \mathrm{ccw}} = \frac{(F_\perp)_{\mathrm{cw}} \times (d)_{\mathrm{cw}}}{(d)_{\mathrm{ccw}}}$$

　　有一點要提醒大家，未知木塊的力臂長度是40公分，因爲刻度10公分處與中心轉軸50公分處的距離是40公分；而20牛頓重的木塊的力臂長是30公分，因爲它與中心轉軸的距離是30公分。把這些數字帶入上面的方程式，便可以得出未知重量的木塊重：

$$F_{\perp ccw} = \frac{(20 \text{ N}) \times (30 \text{ cm})}{(40 \text{ cm})} = 15 \text{ N}$$

　　因此，未知木塊的重量是15牛頓。這個答案是合理的，因爲未知木塊的力臂較那塊20牛頓重木塊的力臂來得長，所以它的重量必須輕一些。事實上，就力臂長度的比例來說，未知木塊的力臂長是已知木塊的 （40 cm）÷（30 cm）倍，也就是4/3，所以重量的應該是20牛頓的3/4才對。當你用物理公式去計算一些東西時，別忘了想想你算出來的結果合不合理。缺乏理解的計算，就不算吸收了「觀念物理」！

11.4　轉動慣量

　　在《觀念物理》第 I 册第3章裡，你已經學過慣性的觀念了：靜者恆靜，動者恆做等速度直線運動。在轉動運動上，我們也有類似的定律：

　　當物體對著某個軸轉動時，會有對同一個軸持續轉動的傾向。

容易轉動

不容易轉動

▲圖 11.8
轉動慣量與物體到轉軸的距離有
關。

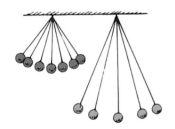

▲圖 11.9
擺長短的單擺所擺動的頻率,比
擺長長的單擺來得高。

　　物體對於改變其轉動運動狀態的反抗,就是所謂的「轉動慣量」或「慣性矩」。轉動中的物體,有繼續保持轉動的傾向,就像沒有在轉動的物體,傾向於繼續不轉動一樣。

　　就像要改變一個物體的線性運動狀態需要施力一樣,若要改變物體的轉動狀態,力矩是不可或缺的。在沒有淨力矩的情況下,轉動中的陀螺會繼續旋轉下去,而沒有轉動的陀螺,則會繼續保持不動的狀態。

　　和慣性在線性運動的意義一樣,轉動慣量也跟物體的質量有關,然而跟慣性不同的地方是,轉動慣量是與質量的分布狀況有關。當物體主要質量所在的位置距離轉軸愈遠時,轉動慣量愈大。

　　手握著球棒的握把處揮棒時,我們發現較長的球棒,轉動慣量較大。一旦揮棒了,球棒繼續運動的傾向較大,但打擊的速率若要快些,則比較難。較短的球棒,轉動慣量較小,揮起來也比較容易。棒球選手有時會採用「握短棒」的方式來擊球,也就是跟正常的握法比起來,手會握在比較靠近球棒粗重的那一端。「握短棒」可以減低球棒的轉動慣量,而使揮棒的速率更快一些。

　　如果手握在球棒的末端,或說是「握長棒」的時候,就是「希望」揮棒不要揮得太快。相同的道理也適用在腿部比較長的人或動物身上,例如長頸鹿、馬或鴕鳥等長腿動物,跑起來的步伐就比河馬、德國達克斯獵犬或老鼠慢。

　　值得強調的是,一個物體的轉動慣量,不一定是個固定的值。當物體距離轉軸較遠時,轉動慣量的值會跟著變大,你可以試著伸展你的腿來做個實驗。試著把兩腿打直,從臀部擺動雙腿看看,然後彎曲雙腿,再試著擺動看看。你會發現,在雙腿彎曲的時候,擺動起來容易得多。減低妳雙腿的轉動慣量非常簡單,只要彎曲雙腿

物理 DIY

把力矩加到線軸上

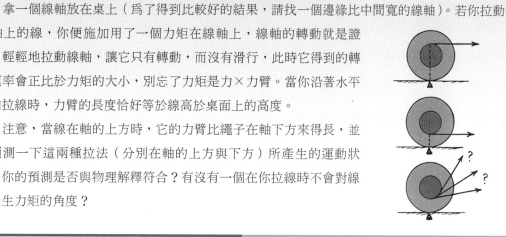

　　拿一個線軸放在桌上（為了得到比較好的結果，請找一個邊緣比中間寬的線軸）。若你拉動線軸上的線，你便施加用了一個力矩在線軸上，線軸的轉動就是證據。輕輕地拉動線軸，讓它只有轉動，而沒有滑行，此時它得到的轉動速率會正比於力矩的大小，別忘了力矩是力×力臂。當你沿著水平方向拉線時，力臂的長度恰好等於線高於桌面上的高度。

　　注意，當線在軸的上方時，它的力臂比繩子在軸下方來得長，並請預測一下這兩種拉法（分別在軸的上方與下方）所產生的運動狀態。你的預測是否與物理解釋符合？有沒有一個在你拉線時不會對線軸產生力矩的角度？

幸好我的轉動慣量大！

◀圖 11.10
因為拿了一根長長的竿子，使表演走鋼絲特技的人大大地增加了他的轉動慣量，這讓他比較不容易轉動，而有充裕的時間來調整他的重心。

圖11.11 ▶
為了要減少腿部的轉動慣量，所以你在跑步時，會不自覺地彎曲雙腿。

即可，這也是我們在跑步時，雙腿會彎曲的原因——彎曲的腿比較容易做出前後擺動的動作。

滾　動

比較圖11.12裡半徑與質量都相同的中空圓柱與實心圓柱，當它們從同一個斜面一起滾下時，誰的加速度比較大？答案是轉動慣量比較小的圓柱。為什麼？因為轉動慣量比較大的圓柱，需要比較多的時間才能滾動；你別忘了慣性是一種「惰性」的量度。

那麼，究竟是中空的還是實心的圓柱有比較大的轉動慣量呢？答案是大部分的質量集中在離轉軸比較遠的那一個，也就是中空圓柱。因此，在擁有相同質量與半徑的情形下，中空圓柱有比較大的轉動慣量，比較「懶得」去增加轉速。所以，實心圓柱在滾下斜坡時，有比較大的加速度。

有趣的是，不管質量與半徑如何，實心圓柱從斜面滾下來的加速度一定會比空心圓柱來得大。空心圓柱的「單位質量的惰性」永

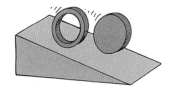

▲圖11.12
無論是質量相等或半徑相等，實心圓柱在斜面滾得比中空圓柱快。

遠大於實心圓柱。而且，只要物體的形狀相同，不管它的大小如何，從斜面滾下來的加速度就一定相同。你應該親自做實驗來印證這個說法。假設我們讓它們從斜面上同時往下滾，外型比較小的物體（不管你拿的是球、盤子還是鐵環），轉動的圈數一定比外型大的物體多，不過兩者卻會同時抵達斜面底部，爲什麼？因爲只要物體的形狀相同，它們「單位質量的惰性」便相同。同樣的道理，回憶《觀念物理》第 I 冊第 5 章所說的，所有自由落體的「單位質量的重量」，因此根據 $F = ma$，所有自由落體的加速度都是相同的。

轉動慣量公式

　　當某物的質量 m 集中在距離轉軸 r 的地方時（譬如以細繩懸掛的擺錘對著懸掛點擺動，或是以輪胎中心爲轉軸的薄輪胎），它的轉動慣量公式爲 $I=mr^2$。當質量比較分散時，譬如你的腿，轉動慣量就比較小，採用的公式也不一樣。次頁圖 11.13 中比較了不同形狀（質量分布）的物體相對於不同轉軸的情形。（這些數值的大小對你來說並不重要，但你可以看得出來轉動慣量如何隨物體形狀與轉軸而改變。）

?Question

1. 當你由臀部來擺動雙腿時，爲什麼彎曲的腿會有比較小的轉動慣量？
2. 拿一個重的鐵圓柱，與一個形狀相似、重量較輕的木頭圓柱，讓它們從斜面頂端一起往下滾，請問何者的加速度較大？

物理 DIY

快轉你的鉛筆

把鉛筆夾在手指之間轉轉看。比較一下,把手指夾在鉛筆的中心點,和把它夾在靠近橡皮的那端有什麼不同。再比較第三種情況,用拇指與食指轉動鉛筆(此時的轉軸是鉛筆芯)看看,你發現什麼?從圖 11.13 找找看,你找得到可以表示這三種情形的圖嗎?你能不能把這三種轉筆的方式,與圖中的公式相關聯起來?哪一種轉法最不費力?在這種情形下,是不是比較小的半徑會有就小的轉動慣量?

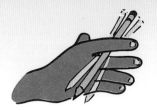

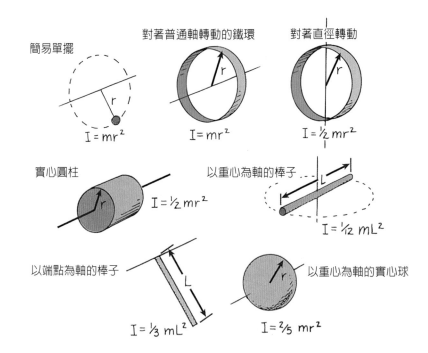

圖 11.13 ▶
不同形狀、質量都是 m 的物體,
對著指定軸轉動的轉動慣量。

Ⓐ Answer

1. 當物體的質量集中在比較靠近轉軸的地方時，它會有比較小的轉動慣量。你看得出來彎曲的腿正滿足了這項要求嗎？

2. 雖然這兩個圓柱體的質量不同，但是它們「每單位質量的轉動慣量」相等，所以兩者滾下斜面的加速度也相等。質量的差異在此不會造成影響，就跟自由落體的加速度與質量無關是一樣的。只要物體的形狀相同，它們「單位質量的慣性」便相同。

11.5　轉動慣量與體操選手

現在我們來看看人體的轉動。你可以很自由地繞著三個主要的軸轉動（如圖 11.14）。這三個轉軸彼此之間都夾 90 度角（兩兩垂直），每一個是身體的對稱線，且通過身體的重心。對每個不同的軸來說，身體的轉動慣量都不一樣。

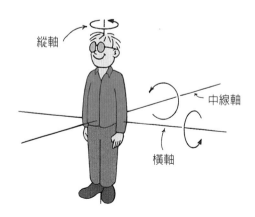

縱軸

中線軸

橫軸

◀圖 11.14
人體的三個主要轉動軸。

繞著從頭頂到腳趾的「縱軸」來旋轉的轉動慣量最小，因爲身體大部分的質量，都集中在這個軸附近，所以以縱軸轉動你的身體，是最容易做到的，溜冰選手的自轉動作就屬於這個類型。若要將轉動慣量變大，只要把手臂或腿部伸長就可以了（圖11.15）。將兩手臂水平伸直時的轉動慣量，是兩手下垂時的三倍，所以若你從兩手臂伸直時開始自轉，然後把手臂放下，你的轉速會是原來的三倍。如果兩手臂伸直開始自轉時，又配合上腿部伸展的動作，則後來手臂垂下時的轉速，可達原來的六倍之多！

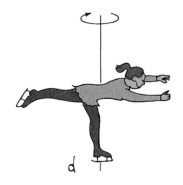

▲圖11.15
繞著縱軸轉動。d圖的轉動慣量是a圖的5到6倍，所以當溜冰選手從d圖姿勢換到a圖姿勢時，自轉速率會增加5到6倍。

　　當你在翻筋斗的時候，你的身體就是對著「橫軸」在轉動。圖11.16顯示了各種不同姿勢的轉動慣量，從最小（手腳環抱身體的抱膝式）到最大（當你把手腳完全伸直成一線）。圖說文字中的相對大小，是以通過人體重心的橫軸來考量的。

　　在橫軸是通過手部（而不是重心）的時候，轉動慣量會變大，例如在地板上翻筋斗，或是用手吊著單槓，讓身體伸直翻轉等。大家都看過體操選手伸直著身體、手握單槓翻轉的畫面，這時她的轉動慣量是她鬆手縱身而下、讓身體呈抱膝式在空中翻滾的20倍左

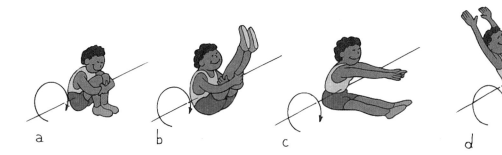

右。由於身體轉軸從單槓變成通過重心的橫軸，她的轉動速率會自動增加 20 倍之多（圖 11.17）。這也就是為什麼她在著地之前，能完成兩到三個筋斗的緣故。

　　第三個轉軸是通過身體前面到後背的「中線軸」。我們的身體繞這個轉軸的運動比較少見，通常只有「橫翻車輪」而已。情形也跟繞著其他轉軸一樣，轉動慣量會隨身體的不同姿勢而改變。

圖 11.16
依著橫軸的旋動。a 圖這種抱膝式姿勢具有的轉動慣量最小；b 圖的轉動慣量約是 a 圖的 1.5 倍；c 圖約 3 倍；而 d 圖約 5 倍。

◀圖 11.17
身體的轉動慣量大小跟轉軸有關。當體操選手以單槓為軸旋轉時（a 圖），比她以身體的重心為軸在空中翻轉（b 圖）時的轉動慣量大。

❓ Question

　　體操選手把身體伸直、用手吊著單槓翻轉時的轉動慣量，
　　比同樣把身體伸直來翻筋斗的轉動慣量大，為什麼？

Ⓐ Answer

當體操選手以單槓爲軸心旋轉時，她的質量大多分布在離轉軸
比較遠的地方，所以轉動慣量較大。當她在翻筋斗時，質量則
集中近於轉軸，因爲轉軸通過她的重心。

11.6 角動量

不論是太空中的未來太空站、從斜面上滾下來的圓柱體，或是
在翻筋斗的特技演員，只要物體在轉動，它便會繼續保持轉動下
去，直到其他東西讓它停下來爲止。轉動的物體具有轉動慣性。回
憶我們在《觀念物理》第 I 冊第 7 章討論到的，所有運動中的物體都
有「運動的慣性」或說是「動量」；動量是質量與速度的乘積。爲
了更明確說明起見，我們把這一類的動量稱爲線動量。同樣的道
理，我們用「角動量」來稱呼轉動物體「轉動的慣性」。

與線動量相同，角動量也是一個向量，也就是說它同時具有大
小與方向。當我們指定一個方向給轉動速率之後，它就成了「轉動
速度」。轉動速度這個向量的大小，就是轉動速率。（依照慣例，轉
動速度這個向量的方向，與角動量向量的方向一樣，兩者都是沿著
轉軸的方向。）

角動量的定義是轉動慣量與轉動速度兩者的乘積，也就是：

$$角動量＝轉動慣量×轉動速度$$

▲圖 11.18
唱片兒的角動量，在轉速爲 45
RPM 時，比 $33\frac{1}{2}$ RPM 時要大。
如果你在唱片上又外加重物，角
動量會變得更大。

或寫成數學式的形式：

$$角動量＝I \times \omega$$

它與線動量是互相對應的：

$$線動量＝質量 \times 速度$$

　　在本書中，我們基本上不處理角動量的向量特性（或甚至是亦屬向量的力矩），唯一的例外是迴轉儀（或稱陀螺儀）值得注意的動作。

　　圖 11.20 的照片顯示一個旋轉中的腳踏車車輪，是如何在地球重力產生的力矩作用在它身上時，改變它的角動量方向（沿著輪軸的方向）。原來重力的下拉應該是讓車輪翻倒及改變它的轉軸，然而，重力卻讓車輪「進動」，使它繞著一條垂直的軸做圓周運動。你一定得站在一個旋轉臺上親自感受一下，才會徹底相信。至於要理解這個現象，恐怕還得等上一段時間。

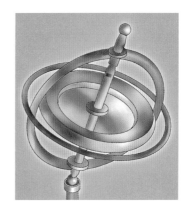

▲圖 11.19
迴轉儀。由於迴轉儀轉座的摩擦力很小，所以不論它怎麼轉，都不會對旋轉中的迴轉儀產生額外的力矩。因此，迴轉儀會一直指向相同的方向。

◀圖 12.1
雖然有重力施一個力矩在輪子上，但輪子的角動量卻可以讓輪軸幾乎保持在水平方向上。重力讓輪子繞一個垂直軸緩慢地進動，而不讓馬上輪子翻倒下來。

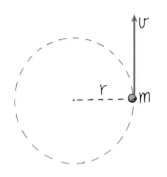

▲圖11.21
一個質量 m 集中的物體,以速率
v、半徑 r 做圓周運動時,它的
角動量等於 mvr。

當物體的尺寸遠小於它與轉軸間的徑向距離時,例如甩一條綁著小鐵罐的長繩子,或是行星繞日公轉,它們的角動量會等於線動量 mv 與它的半徑 r 的乘積。寫成方程式的話就是:

$$角動量 = mvr$$

如同線動量的改變需要一個外加的淨力一樣,角動量也需要一個外加的淨力矩才能改變。我們用角動量的觀念,重新把牛頓第一運動定律——慣性,再陳述一遍:

除非受到一個不平衡的外力矩作用,否則一個物體或系統的角動量維持不變。

我們都知道運動中的腳踏車比靜止的腳踏車容易保持平衡,道理在於旋轉中的輪胎有角動量。當我們的重心沒有位在支持底面上方時,便會產生一個小小的力矩。在車輪沒有轉動時,我們會跌下來;而在腳踏車運動時,車輪便有了角動量,且需要一個更大的力矩來改變角動量的方向。因此,運動中的腳踏車比較容易平衡。

▲圖11.22
當腳踏車的車輪有角動量時,比較容易保持平衡。

11.7 角動量守恆

如同任何系統在淨力等於零時的線動量守恆一樣,轉動系統的角動量也會守恆。角動量守恆定律的定義是:

在沒有任何不平衡的外力矩作用在轉動系統時,系統的角

動量維持恆定。

　　這個意思是，若沒有外力矩的作用，系統轉動慣量與轉動速度的乘積，不論在什麼時刻都不會改變。

　　圖11.23是關於角動量守恆的有趣例子。圖中的男士站在一個摩擦力很小的轉盤上，雙手把啞鈴平舉。因為這兩個啞鈴離身體較遠，所以整體的轉動慣量很大。當他慢慢地轉動時，他所具有的角動量等於轉動慣量乘上轉動速度。如果他在轉動時把啞鈴朝身體方向拉進來，轉動慣量就會減小很多。想想看，會發生什麼樣的結果？他的轉動速率會變大！最能感受到這個神奇改變的，莫過於親自經歷此實驗的人。其實這不過就是物理罷了！花式溜冰選手在表演自轉動作時，總會用到這個技巧。先把手腳盡量地往外伸展自轉，然後再把手腳朝身體方向拉回來，以期獲得較大的轉動速率。無論何時，只要轉動中的物體收縮它的形體，轉動速率就會變大。

$$I\omega = I\omega$$

◀圖 11.23
角動量守恆。當這位男士把雙手及啞鈴往身體方向拉時，不但減小了自己的轉動慣量，也增加了轉動速率。

天文學中的物理

螺旋星系

　　星系（譬如我們所處的銀河系）的形狀，與角動量守恆定律有非常密切的關係。假設太空中有一團球形氣體，由於自身重力的關係，正要開始收縮。假設它在收縮的初始階段，對著一個軸有很微小的旋轉，這團氣體就具有角動量，且角動量守恆。隨著氣體的收縮，它的轉動慣量減小，然後，就會像溜冰選手把她的手臂往內縮一樣，這團氣體會自旋地愈來愈快。當氣體自旋的速率變快時，原本的球形會變得扁平一些，就像我們的地球，也是因為自轉的緣故，在兩極處比較扁平。如果一個球形氣體的角動量夠大的話，它會變成像煎餅一樣，直徑遠大於厚度，最後或許會形成螺旋星系。對天文學家來說，角動量守恆定律是每天晚上都會上演的戲碼。

圖 11.24 ▶
在前滾翻的過程中，角動量守恆，因此可以藉由改變身體的轉動慣量，來控制轉速。

　　同樣的道理，體操選手在空中不受任何不平衡力矩的作用而自由翻轉的時候，他或她的角動量不會有任何的變化。然而，正如我們剛剛看到的，只要稍稍改變轉動慣量的大小，就能改變轉動速率。而改變轉動慣量的方式，只要將身體的某部分向轉軸移近，或遠離轉軸就可以了。

　　把一隻貓咪翻轉過來，輕柔地抓住四肢，再把牠放開，讓牠自由下落，即使牠的初始角動量爲零，貓咪還是可以藉由身體的扭動，讓四隻腳先著地。「零角動量」的扭動與翻轉，是讓身體的某部分對著另一部分轉動而達成的。貓在下落的過程中，會調整牠的四肢與尾巴，好改變牠的轉動慣量。藉由反覆地調整身體的姿勢，使頭跟尾巴同方向，而讓四肢朝反方向扭轉，如此一來，貓咪便會在落地前讓四腳安全著地。

　　在這整個精巧過程中，貓咪的總角動量一直都保持爲零，且落地時沒有在轉動。這個技巧讓貓的身體轉了一個角度，但並沒有產生連續性的轉動，否則就違反角動量守恆了。

　　人類也可以輕易地做出類似的動作，只是韻律上會比貓咪慢一些。太空人必須學會對各個主軸做「零角動量」的翻轉，這樣才能在失重的太空裡飄浮，隨意調整身體，到自己想去的位置。

　　不論是從行星運動或星系的形狀，都可以看到角動量守恆定律的實踐，它也將成爲未來住在旋轉太空站裡的居民日常生活的一部分。

圖 11.25 ▶
貓咪下落的連續動作繪圖。
（繪自真實的動作）

觀念一把抓

觀念摘要

能使物體產生轉動的力矩，是力臂乘上垂直於力臂方向的分力的乘積。

◆ 當作用在物體上的力矩相互平衡時，物體的轉動狀態不會改變。

◆ 當物體的重心超出支承底面的範圍時，重力產生的力矩，會使物體翻倒。

所謂轉動慣量，就是物體對於改變動狀態的抗拒程度。

◆ 物體的轉動慣量愈大時，就愈難改變轉動速率。

角動量，也就是「轉動的慣性」，等於轉動慣量與轉動速度的乘積。

◆ 當物體不受外力矩作用時，物體的角動量守恆。

重要名詞解釋

力臂　lever arm　從施力點至軸之間的垂直距離，此力能產生轉動。（11.1）

力矩　torque　用於轉動運動，與力類似，是力與力臂的乘積（單位為牛頓・公尺）。力矩有產生轉動加速度的傾向。（11.1）

轉動慣量　rotational inertia　物體反抗轉動狀態的改變所顯現的惰性，大小取決於物體的質量分布及旋轉軸或繞轉軸的位置。（11.4）

轉動速度　rotational velocity　伴隨旋轉方向或繞轉方向的轉動速率。是一種向量。（11.6）

線動量　linear momentum　物體的質量與其速度的乘積，也可簡稱為動量。（本定義只應用於速度遠小於光速時。）（11.6）

角動量　angular momentum　轉動慣量與轉動速度的乘積。（11.6）

角動量守恆定律　law of conservation of angular momentum　一個物體或系統的角動量維持不變，除非受到不平衡外力矩影響。（11.7）

借題複習

1. 試比較力與力矩作用在物體上的效果有何不同。（11.1）

2. 一個力的力臂是什麼？（11.1）

3. 一個力應該往什麼方向作用，才能得到最大的力矩？（11.1）

4. 在一個平衡的系統中，順時針方向的力矩與逆時針方向的力矩如何比較？（11.2）

5. 請以重心、支承底面與力矩等三個觀念解釋，為什麼當你的後背與腳跟貼著牆壁站著時，就沒辦法下腰用手去摸腳趾而不會傾倒？（11.3）

6. 如果你希望踢出去的足球不會在空中翻轉，你應該踢它的什麼部位？（11.3）

7. 什麼是轉動運動的慣性定律？（11.4）

8. 轉動慣量與哪兩個物理量有關？（11.4）

9. 在球棒的前端增加重量對揮棒練習會有什麼效果？（11.4）

10. 為什麼當你的腿部彎曲的時候，擺動起來比較容易？（11.4）

11. 拿兩顆大小不同的球從斜面滾下去，哪一顆球會有比較大的加速度？是大顆還是小顆？（11.4）

12. 拿一個實心的圓盤跟一個中空的圓環從斜面滾下去，哪一個會有比較大的加速度？（11.4）

13. 我們要怎麼才能改變自己的轉動慣量？（11.5）

14. 試區別轉動速度與轉動速率的不同。（11.6）

15. 試區別線動量與角動量的不同。（11.6）

16. 請問地球重力產生的力矩，能使垂直自轉中的腳踏車車輪做何種運動？這個車輪只有在轉軸的其中一端有東西支承著。（11.6）

17. 我們說角動量守恆代表什麼意思？（11.7）

18. 角動量在什麼條件下會守恆？（11.7）

19. 若溜冰選手在自轉時把手往身體方向拉回，讓自己的轉動慣量減少了一半，請問她的自轉速率會增加多少？（11.7）

20. 體操選手若在翻筋斗的過程中改變了身體的姿勢，這會對他的角動量產生什麼影響？對他的轉動速率又有什麼影響？（11.7）

課後實驗

1. 拿不同的食物罐頭，讓它們從斜面上滾下來，記得先預測一下誰滾得最快。請比較當內容物是液體（它們會在罐頭裡滑動或晃動，而不是滾動）或固體時的差異。

2. 拿一根質料均勻的木條，將它的兩端放在相同的兩個磅秤上，並讓木條保持水平。你將會注意到，這兩個磅秤的讀數剛好是這根木條重量的一半。再拿一輛玩具卡車，裝上一些積木後，把它放在木條的正中央，這個時候磅秤上所增加的讀數，是卡車重量的一半，為什麼？如果，我們不是把卡車擺在正中央，你要怎麼計算出這兩個磅秤上的讀數？請先對不同的卡車位置做一下預測，再動手做實驗看看。（你最好能在實驗課教你怎麼量度力矩之前，自己先動手做做看。）

想清楚，說明白

1. 當你想要橇開卡緊的油漆罐蓋子時，是用粗柄的螺絲起子比較好呢？還是長柄的螺絲起子比較好？如果你是想要鬆開一個被鎖得很緊的螺絲，則你應該用哪一種螺絲起子呢？請解釋你的答案。

2. 當我們把一個線軸朝右邊拉時，它會朝哪個方向加速？如果我們往正上方拉，它會朝哪個方向加速？有沒有哪一個角度，是我們輕輕拉動繩子時，不會有加速度產生的？請畫個圖說明。

3. 如果你知道自己的體重，身旁又有一個蹺蹺板以及一把長尺，請問你如何估計你朋友的體重。

4. 若你把後背與腳跟貼著牆壁站著時，你沒有辦法下腰來用手去摸腳趾而不傾倒。請問，一雙比較強壯的腿，或是比較長的腳丫，會不會有助於你不倒？請說明你的理由。

5. 當你在籬笆或圍牆的上行走時，為何你會自然地伸直雙手來保持平衡？

6. 一顆保齡球與一顆排球，何者沿同一個斜面滾下來的加速度比較大？請說明你的理由。

7. 飛盤可以說是最常見的迴轉儀了。它那向內彎曲且有點厚的邊緣，除了用來握住或接住它之外，還有什麼功能？

8. 比較兩個轉動中的腳踏車車輪，一個充滿氣，另一個裝滿了水，哪一個比較難停下來？為什麼？

9. 你要怎麼丟一顆橄欖球，才能讓它在空中飛行的時候，繞著自己的長軸自轉？為什麼？

10. 假設你坐在遊樂場裡一個大型、可自由旋轉的轉盤正中央。當轉盤轉動以後，你開始向外側邊緣緩慢爬去，此時轉盤的轉速會增加、減少還是維持不變？請問哪一個物理定律能支持你的答案？

沙盤推演

1.(a) 試計算以50牛頓的力，垂直作用於一把0.2公尺長的扳手末端所產生的力矩。

(b) 試計算當我們在扳手上套一個管子，使它的握柄加長成0.5公尺後，以相同50牛頓的力垂直作用在其上所產生的力矩。

2.(a) 試計算右頁圖中蹺蹺板上的小男孩與小女孩，個別產生的力矩。淨力矩又是多少？

(b) 試計算這位體重600牛頓的男孩，應該坐在離中央支點多遠的地方？

c. 如果這個小男孩的體重只有400牛頓,那麼300牛頓重的小女
　 孩應該坐在哪裡?

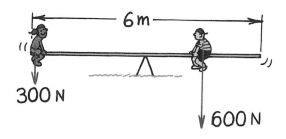

實戰演練

1. 圖中的石頭質量是多少?

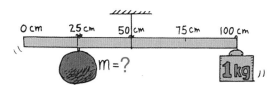

2. 圖中的這把直尺的質量是多少?

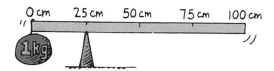

3. 假設有位馬戲團裡的女空中飛人從高空鞦韆鬆手時，每秒鐘可以旋轉兩圈，然後她把身體縮緊，讓轉動慣量減少成原來的三分之一，試問此時她每秒鐘可轉幾圈？

4. 有一對完全相同的太空船吊艙，質量各1000公斤，在外太空中以一條900公尺長的纜線相連接。如圖中所畫的那樣，它們繞著一個共同點轉動，像個旋轉的啞鈴。試計算每一個吊艙對轉軸的轉動慣量，再算算這個雙吊艙系統對它中心點的轉動慣量是多少？請將你的答案以公斤‧公尺²來表示。

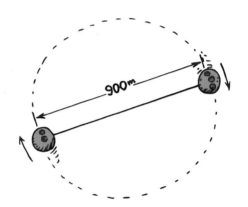

5. 上題的雙吊艙系統若以1.2 RPM的轉速旋轉時，剛好可以提供艙內居民一個人工重力。假設其中的某一個吊艙拉進了100公尺纜線（也就是讓這兩個吊艙彼此接近），請問這個新系統的轉速會變為多少？

第 12 章

萬有引力

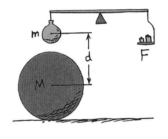

　　樹葉、雨和人造衛星會向掉落的原因，都是由於重力的存在，而重力也是讓杯子裡的水留在杯子裡，以及讓水裡的氣泡往上升的原因。此外，地球圓圓的外型乃拜重力所賜，夜空中的星星閃爍不定，也是由於重力凝聚的大氣而造成的效果。

　　重力的貢獻如此之多，但重力究竟是什麼呢？二十世紀初，偉大的物理學家愛因斯坦（Albert Einstein, 1879-1955）有令人驚奇的發現，他認為重力的起因是來自時間與空間的「彎曲」。不論是時間或空間，都不是絕對完美的平直，兩者都有小小的起伏（黑洞附近是個例外，那裡的起伏非常大）。若要解釋更深層的意義，實在超出

本書的範圍，不過我們還是可以這麼說：重力是質量間彼此溝通的一種方式。宇宙間的每一個質量，都能吸引其他每一個質量，而每一個質量也都會感受到其他每一個質量的吸引。因此，拋體、人造衛星、行星、星系與星系團等，全都籠罩在重力的影響下。在本章，我們先從重力的基本現象討論起，到下一章時，我們將會進一步討論重力的重要性。

12.1　掉落中的蘋果

　　重力可以延伸到宇宙中每一角落的想法，應該歸功於牛頓。根據傳說，牛頓是在他母親農場的蘋果樹下思考自然力時得出這個想法的。牛頓了解伽利略早先所發展出來的慣性觀念，他知道在不受外力作用的情況下，動者恆做等速率直線運動。他也知道若一個運動中物體的速率或運動方向有了變化，其中必定有力的作用。

　　牛頓從一顆掉落的蘋果所領悟出來的道理，可以說是有史以來人類心靈所及最遠的通則。牛頓是因為看到掉下來的蘋果，甚至這顆蘋果就正好打到他的頭上，才有這些偉大理論的發展嗎？我們不得而知。或許牛頓是在抬頭仰望天空時，從蘋果樹樹枝的縫隙中看到了月亮才開始注意的。當時的牛頓，可能正對月亮的運行軌跡不是直線、是繞著地球的圓形軌道而深感困惑。但他已知圓周運動是一種加速度運動，需要有力的作用，可是，這個力到底是什麼？牛頓的偉大洞見，就是看出了月亮是一直朝著地球「掉落」的，道理就和蘋果的掉落相同。他推論月亮與蘋果掉落的原因，都是由於地球重力在拉的結果。

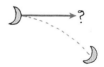

▲圖 12.1
如果月亮沒有掉落，那麼它運行的軌跡會是條直線。但因為受到地球的吸引，它會沿著一條曲線掉落。

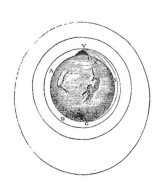

▲圖12.2
牛頓親筆畫的草圖，用來說明一個速率夠快的拋體會一直繞著地球掉落，變成地球的衛星。同樣的道理，月球就是一顆繞著地球掉落的衛星。

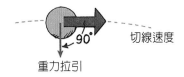

▲圖12.3
切線速度是圖中這個「橫向」的速度，也就是垂直於重力方向的速度分量。

12.2 掉落中的月球

牛頓又進一步發展他的想法。他比較了掉落中的蘋果與掉落中的月亮，後來牛頓了解到，如果月亮沒有朝地球掉落的話，它將會做直線運動，最後則會脫離繞日軌道，所以他認為月亮正「繞著」地球而掉落。因此，月亮必定是掉落到那條原本沒受到外力時應該會走的直線下方。牛頓大膽地假設，月球在重力的吸引下，只是一個繞著地球轉的拋體而已。

圖12.2就是牛頓當時用來表達這個觀念的草圖。他把月球的運動方式與在高山山頂發射的一枚砲彈的軌跡做比較。牛頓想像這座山的山頂在大氣層之上，所以空氣阻力不會妨礙到砲彈的運動。如果砲彈以很小的水平速率發射出來，它的運動軌跡就是一條拋物線，而且會很快地掉到地表上；如果砲彈以較大速率發射出來，則砲彈飛行的拋物線軌跡，就不會那麼彎，也會飛行得比較遠才著陸。於是牛頓推論道，如果砲彈是以一個夠快的速率發射的話，它的軌跡就會是一個圓，而它本身也將永不止息地做圓周運動，也就是繞著地球軌道運行。

在軌道上飛行的砲彈及月亮，都有一個與地表平行的速度分量。這個橫斜向一邊的速度或說是「切線速度」，足以確保月球在近乎圓形的軌道上繞著地球運動，而不是往地球的方向掉落。如果沒有摩擦力來減小這個速度的話，月球將永遠繞著地球「掉落」。

牛頓的想法似乎很正確，不過一個想法要從假說進步到科學理論，還需要經過很多的檢驗。牛頓的檢驗方法是看看月亮落到原本那條直線軌跡下方的距離，與地表附近的蘋果或任何拋體的掉落距

離，在比例上是否正確。牛頓認爲月球的質量並不會影響它的掉落運動，就像地表附近的自由落體加速度不會受到質量的影響一樣。因此，月球掉落的距離，與地表蘋果掉落的距離，只和它們距離地心的遠近有關。若月球與蘋果的掉落距離，在比例上正確的話，我們對地球重力吸引月球的假說，就得好好地看待了。

當時已經知道月球與地心的距離，是地表蘋果與地心距離的60倍；蘋果在自由掉落的第一秒內掉了約5公尺，更精確地說是4.9公尺。牛頓當時也推論出其他質量與地球間的重力吸引，必定會因爲距離的「稀釋」而變小，這意思是說月球感受到地球的重力，會是蘋果的1/60嗎？不！答案比這個數字還小。我們馬上就會學到，距離會把重力大小稀釋成1/60的1/60，也就是$1/(60)^2$。因此，月球在一秒內掉落的距離是4.9公尺的$1/(60)^2$，也就是1.4公釐，或者反過來計算：$(0.0014 \text{ m}) \times (60)^2 = 4.9 \text{ m}$。

牛頓運用幾何學，計算出在一秒內月球的圓形軌道會距離無重力作用下的直線軌跡有多遠。他計算出來的數值，正是今日公認的1.4公釐。不過，他當時並不確定地球與月球之間的距離，也不確定他用來代入計算的距離是否就是地球與月球中心連線的距離。此外，牛頓還不能用數學證明出球狀地球（或月球）的重力大小，就相當於把它全部的質量都集中在地心時的重力。由於有這個不確定性，再加上他先前所發表關於光學的發現曾受到批評，使牛頓把這些研究紀錄全都擱在抽屜裡，而這一擱就將近二十年之久。在這段期間，他奠定了日後成功的基礎，且拓展幾何光學領域，牛頓也因此聲名大噪。

最後，在好朋友天文學家哈雷（Edmund Halley, 1656-1742，哈雷彗星正是以他命名）的鼓勵之下，牛頓終於又回到了「月亮問題」

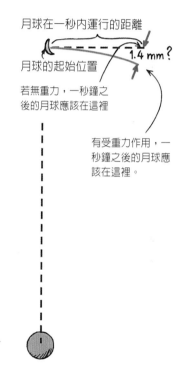

▲圖12.4

如果把蘋果拉離蘋果樹的力，同樣也把月球拉到軌道上的話，月球沿圓周運行的軌跡，在一秒內會掉到直線軌跡下方1.4公釐處。

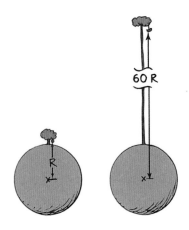

▲圖 12.5
一顆接近地表的蘋果,在第一秒內掉落的距離是 4.9 公尺。牛頓問自己說,距離地心約 60 倍遠的月球,在相同的時間內,掉落的距離會是多少?他的答案是 1.4 公釐(以今天的單位表示)。

的研究上。直到牛頓發明了數學上的一個新分支——微積分,來證明「重力中心」的假設以後,他才發表了這個人類心靈的最偉大成就之一——萬有引力定律。牛頓把他對月球的發現,推廣到所有物體上,並且宣稱宇宙中的所有物體,彼此之間都互相吸引。

說個題外話,請你將牛頓努力實事求是、明確地以數學來驗證的做法,和那些稱不上是科學理論所具有的無充分準備、鹵莽的判斷、缺乏交叉驗證等特徵相互比較一下,你有什麼想法?

科技與社會

科學真相與誠實

某個廣告宣稱,十位醫師當中有九位推薦了他們的產品所含有的成分,這個廣告說的可能是事實。然而,它也傳達了一個言外之意:這九位醫師不一定真有推薦這份產品。

另外一個廣告宣稱他們的食用油,不會被烹調的食物所吸收,它說的也可能是事實。但廣告中並沒有說,沒有任何廠牌的食用油會被食物所吸收,至少在普通的溫度與氣壓下都是如此。因此,儘管說出來的話是事實,卻也可能同時傳達出不同的含意。

這兩個例子告訴我們:「事實」與「誠實」之間,是有點差距的。

12.3　掉落中的地球

　　牛頓的重力理論證實了哥白尼的太陽系理論，從此以後，地球不再是宇宙的中心，甚至連太陽系的中心都稱不上！太陽才是位在太陽系的中心，且很明顯地，地球與其他行星繞行太陽的方式，就和月球繞行地球相同。

　　太陽系內的行星在封閉的路徑上，持續向太陽「掉落」。為什麼它們不會撞上太陽呢？因為它們有切線速度。假若這些行星的切線速度減小到零，會有什麼事情發生？答案很簡單：它們會直直地衝向太陽，且鐵定會撞上它。在太陽系內，凡是切線速度不夠大的物體，老早就撞上太陽而消失了，其餘的部分，就是我們今天所觀測到的和諧太陽系。

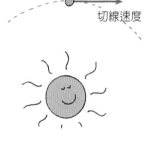

切線速度

◀圖12.6
地球的對太陽公轉的切線速度讓地球可以繞著太陽掉落，而不是直接撞上太陽。假設地球的切線速度被減為零，那麼它的命運會如何？

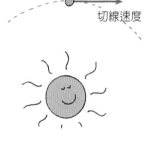 **Question**

　　既然月球受有來自地球的重力吸引，它為什麼不會直接撞上地球呢？

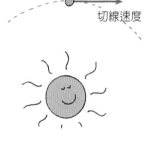 **Answer**

　　如果我們把月球的切線速度減小到零，月球就會撞上地球；但由於它有切線速度存在，所以月球只會繞著地球「掉落」，而不會撞上地球。我們將在第14章裡更進一步討論這個問題。

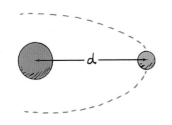

▲ 圖 12.7

兩個物體之間的重力大小，只跟它們的質量與中心連線的距離有關。

12.4　牛頓的萬有引力定律

牛頓並不是發現了重力，他是發現重力是「萬有」的。每個物體都會吸引其他物體，而這股引力的大小只跟物體的質量與物體間的距離有關。牛頓的萬有引力定律說明，每一個物體都吸引著其他每一個物體，而兩個物體間的引力大小，正比於這這它們的質量。當物體的質量愈大，這它們之間的引力就愈大。牛頓也推論這個引力會隨著兩物體中心連線距離的平方而遞減。當兩物體距離愈遠時，它們之間的引力就愈小。

這個定律可以用數學符號表示成：

$$F \sim \frac{m_1 m_2}{d^2}$$

m_1 是其中一個物體的質量，m_2 是另一個物體的質量，d 是兩者重心之間的距離。當兩物體質量 m_1 與 m_2 愈大時，它們之間的引力就愈大；當兩物體距離愈遠時，引力就愈小。

在前些章節裡，我們把質量看做是對慣性的量度，也就是所謂的慣性質量。現在，我們把質量看做是對重力的量度，在這個脈絡下，我們把它稱為「重力質量」。實驗顯示，這兩種質量是相等的，且就「原理」層次的討論而言，慣性質量與重力質量間的等效性，正是愛因斯坦廣義相對論的基石（不過這已經超出本書所涵蓋的範圍了）。

萬有引力常數 G

在我們引進比例常數「萬有引力常數 G」以後，就能把上述的比例式改寫成方程式：

$$F = G\frac{m_1\,m_2}{d^2}$$

以文字來解釋這個式子的意義，就是兩物體間的重力大小，等於兩物體的質量相乘，除以兩質心距離的平方，再把結果乘以萬有引力常數 G。G 的數值大小，來自於兩個質量 1 公斤的物體，在相距 1 公尺時的引力，也就是 0.0000000000667 牛頓。這是個非常微弱的力，G 之所以有這麼複雜的單位，是爲了讓計算出來的力能以牛頓表示。以科學記號表示爲：

$$G = 6.67 \times 10^{-11}\ \text{N·m}^2/\text{kg}^2$$

G 的數值大小，其實與我們用來量度質量、距離與時間的單位有關。使用國際單位制時，質量用公斤，距離用公尺，時間用秒表示。科學記號的表示方法，請參考《觀念物理》第 I 冊的附錄 B。

G 值首次量度出來，是在牛頓發現萬有引力定律之後的 150 年，由英國物理學家兼化學家卡文迪西（Henry Cavendish, 1731-1810），利用極端精密的扭秤量度出鉛塊之間的力而得到的。另一個較爲簡單的方法，是由德國物理學家馮喬利（Philipp J. von Jolly, 1809-1884）後來提出來的。如圖 12.8 所示，他把一個裝滿了水銀的球狀燒瓶，掛在一個靈敏天平的一端。在把這個天平調整到平衡後，他把一個 6 噸重的鉛球滾到燒瓶下方，這個燒瓶便被稍稍地往下拉。鉛球與水銀燒瓶之間的重力，會等於要讓天平保持平衡所需增加的砝碼。既

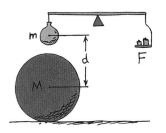

▲圖 12.8
馮喬利量度兩個物體之間引力的方法。

然 F、m_1、m_2 與 d 的數值都是已知的，G 的數值便可以計算出來了：

$$G = \frac{F}{m_1 m_2 / d^2} = 6.67 \times 10^{-11} \frac{\text{N}}{\text{kg}^2/\text{m}^2} = 6.67 \times 10^{-11} \text{ N·m}^2/\text{kg}^2$$

G 的值告訴我們，重力是非常微弱的力。它是目前自然界已知四種基本的力中最小的一個（另外的三種，其中之一是電磁力，其他兩種是核力）。只有當物體的質量達到地球質量的尺度時，我們才會對它們之間的重力有感覺。你和你身旁同學之間的引力雖然小到沒辦法察覺，不過它確實存在！至於你與地球之間的引力倒是不難察覺，乃你的體重是也！

除了你的質量以外，另一個影響你體重的因素，是你與地心之間的距離。當你站在山頂上的時候，你的質量與在其他任何地方一樣，但你的體重卻比在地面上要稍微減輕了些，這是因為你與地心的距離變遠了。

有趣的是，卡文迪西量度的 G 值實驗被稱做「量地球質量」的實驗，因為一旦知道 G 的值，地球的質量就很容易可以計算出來。地球對地表上質量 1 公斤物體所作用的力為 9.8 牛頓，該物體與地心的距離是地球的半徑，為 6.4×10^6 公尺，因此，由 $F = (G m_1 m_2 / d^2)$ 我們得到：

$$9.8 \text{ N} = 6.67 \times 10^{-11} \text{ N·m}^2/\text{kg}^2 \times \frac{1 \text{ kg} \times m_1}{(6.4 \times 10^6 \text{ m})^2}$$

其中 m_1 表示地球的質量。經過簡單的計算，我們得到地球的質量 $m_1 = 6 \times 10^{24}$ 公斤。

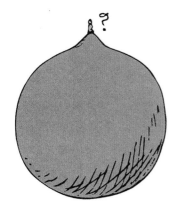

▲圖 12.9
當你站在山頂上時，你的體重會輕一些，因為你此時距離地心較遠。

極大數與極小數的表示法

　　為了方便表示一些非常大或非常小的數，我們通常以所謂的「科學記號」將它們簡寫成數學形式。比方說地球的半徑6370000公尺是一個很大的數，我們可以把它想成是6.37乘以10，再乘以10，然後再乘以10，總共乘上6次，所以6,370,000就可以表示成6.37×10^6，也就是637萬公尺（6.37個百萬公尺）。

　　此外，10^9等於十億，相當於1000個百萬。為了要對十億有比較好的了解，我們來看看以下的數字：

- 十億公尺稍大於地球與月球間的距離。
- 十億公斤約等於地球上海水的總質量。
- 十億個地球的質量還抵不上一個太陽。
- 十億秒鐘約等於31.7年。
- 十億分鐘約等於1903年。
- 十億年前的地球，還沒有人類出現。
- 有十億以上的人住在中國大陸。
- 英文字母 i 上面的點，是由十億個原子所組成的。

　　相反地，把很小的數改寫成科學記號時，要連續除以10。1公釐是1/1000公尺，或是說把1公尺連續除三次10。用科學記號表示的話，1公釐＝10^{-3}公尺。

　　萬有引力常數 G（0.000000000066726 N・m^2/kg^2 也是一個很小的數。把6.6726連續用10除11次，再四捨五入後，我們就可以把萬有引力表示為6.67×10^{-11} N・m^2/kg^2。

? Question

如果說，任何兩物體間都存有引力的話，我們在靠近大型建築物時，為什麼不會有受到吸引的感覺呢？

A Answer

我們的確受到大型建築物的重力吸引力，就跟我們受到宇宙中任何其他物體的吸引一樣。1933 年的諾貝爾物理獎得主狄拉克（Paul A. M. Dirac, 1902-1984）曾經說過：「在你從地球上摘下一朵花的同時，你也移動了宇宙中最遠的星球！」至於大型建築物給了你多大的引力，或是花瓣之間有多大的交互作用力，則是另一個故事了。你與建築物之間的引力，相對來說其實很小，因為你或建築物的質量，跟地球的質量比起來實在小得多。其他星球對我們的引力也很小，因為距離非常遙遠。當這些微小的引力被地球的引力「淹沒」時，我們很難注意到它們。

12.5 重力與距離：平方反比律

若要了解重力的大小如何隨距離遞減，我們可以藉由一種在忙碌的餐廳裡用來抹土司的「奶油槍」來說明（圖 12.10）。我們先想像，融化的奶油從奶油槍噴出後，經由一個中間有正方形空洞的板子，射到土司上，而這個方形空洞的大小恰等於一塊土司的面積。我們再想像，用力一擠奶油槍所噴出來的奶油，可以讓土司均勻地塗上一層 1 公釐厚的奶油。現在，把土司往後移到兩倍遠的地方，如圖 12.10 所畫的那樣，則奶油噴射的距離也跟著加倍，而它所覆蓋的

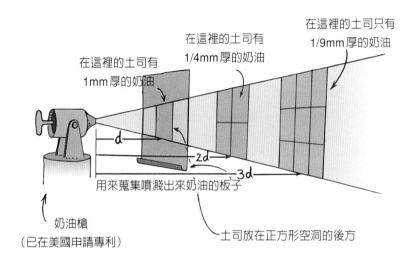

在這裡的土司只有
1/9mm厚的奶油

在這裡的土司有
1/4mm厚的奶油

在這裡的土司有
1mm厚的奶油

d

2d

3d

用來蒐集噴濺出來奶油的板子

奶油槍
（已在美國申請專利）

土司放在正方形空洞的後方

◀圖12.10
平方反比律。從奶油槍噴嘴噴射
出來的奶油，會以直線前進。就
像重力一樣，奶油噴射的「強度」
也遵守平方反比律。

面積，在水平方向與垂直方向上，也都變為原來的兩倍。稍微想一
下便可得知，奶油現在覆蓋的面積會是原來的四倍，相當於四片土
司，那麼土司上的奶油厚度會變成多少呢？因為擠壓一次奶油槍所
噴出的量是固定的，且還必須將厚度「稀釋」好覆蓋四塊土司的大
小，所以奶油的厚度會是原來的四分之一，也就是0.25公釐。

　　你注意到發生了什麼事兒？當土司移到兩倍遠的位置時，上面
的奶油只有原來的1/4厚。再進一步想，如果我們把土司放到三倍遠
的位置，那麼奶油覆蓋的面積會變成3×3倍，也就是九片土司的大
小，此時奶油厚度會變成多少？你想到答案是1/9了嗎？而你看得出
來1/9是3的平方的倒數嗎？$(1/3)^2 = 1/9$。當一個物理量隨著它的距
離平方的倒數變化時，我們說這個物理量遵循著「平方反比律」。這
個定律不只應用在奶油槍、隨距離減弱的重力而已，凡是從某一個
已定位的源頭，均勻地穿透空間擴展出去的作用，都遵守這個定
律，像是光、輻射以及聲音等。

距離地球的中心愈遠，物體的重量愈輕（圖 12.11）。假設你妹妹在海平面高度量出來的體重是 300 牛頓，那麼她在聖母峰峰頂量出來的體重，就只有 299 牛頓。然而，不管距離地球多遠，地球的重力永遠不會變成零，即使你被帶到宇宙的邊緣，地球重力還是會作用到你身上。雖然地球重力的作用可能會被你附近質量巨大的物體所掩蓋，但它還是存在。不管是多小還是多遠，每一個物體都會受到重力作用，而且遍布整個太空，正如我們所說的「萬有」！

圖 12.11 ▶
在地表上重 1 牛頓的蘋果，在移到距離地心兩倍遠的地方時，重量變成 0.25 牛頓，因為重力的強度只剩下原來的 1/4。若是移到距地心三倍遠的地方，重量只剩下原來的 1/9，或是 0.11 牛頓。如果移到四倍遠的地方，重量會變多少？五倍遠的地方呢？

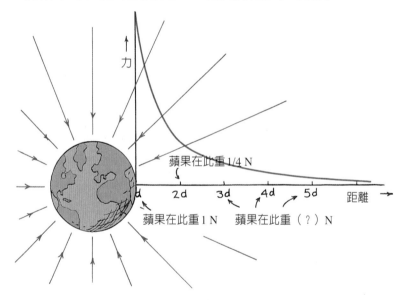

蘋果在此重 1/4 N

蘋果在此重 1 N　蘋果在此重（？）N

力

距離

d　2d　3d　4d　5d

Question

假設樹上的蘋果受到的地球重力大小是 1 牛頓。那麼如果這棵樹的高度變成原來的兩倍，這個蘋果所受到的重力會不會變為原來的 1/4？請解釋你的理由。

物理 DIY

幻覺測試

　　把你的手掌打開，並且讓一隻手掌與眼睛的距離，是另一隻手掌的兩倍，然後大致判斷一下，哪一隻手掌看起來比較大？大多數的人都會認為兩個手掌一樣大，但仍有蠻多人會認為距離較近的那隻手掌看起來大一點兒。不過，幾乎沒有人能在大致判斷的情形下看出較近的手掌比另一隻手大四倍。

　　根據平方反比律，較近的這隻手掌在高度與寬度上，各是另一隻手的兩倍，也就是在視野上會占去四倍大的面積。由於我們深信手掌應該是一樣大的，因而不自覺地否決了已知的道理。現在，請你輕輕地把兩個手掌重疊起來，閉上一隻眼睛，仔細用另一隻眼睛看，你將會清楚發現靠近你的這隻手掌比較大。這引發了一個有趣的問題：我們還有哪些不容易測試出來的幻覺？

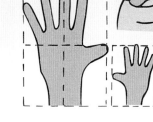

Ⓐ Answer

不會，因為高度變為兩倍的蘋果樹，從結實蘋果到地心的距離並沒有增加到兩倍。要想讓蘋果的重量減少為原來的 1/4，蘋果樹的高度必須要有地球半徑的長度（6370 公里）才行。

假設我們希望它能減輕 1% 的重量，那麼這個蘋果或是任何物體的高度必須要升高 32 公里，幾乎是世界最高峰聖母峰的四倍。因此，在實際的日常生活中，我們會忽略任何因高度改變產生的影響。

圖12.12 ▶
重力支配著星系旋臂的形狀。

12.6　萬有引力

我們都知道地球是圓的，可是地球為什麼是圓的呢？是由於重
力的緣故。既然每個物體都會吸引其他物體，所以在地球變成固態
以前，它就把自己吸引在一起了。因此，如果地球有任何「稜角」
存在，重力都會把它們往內拉，使地球變成一個巨大的球體。太
陽、月球與地球都相當圓，就是因為它們必須如此。（當然，由於
自轉的關係，它們在赤道區都稍微胖一些。）

如果每個物體都會吸引其他物體，那麼各行星之間也會互相吸
引對方。舉例來說，木星所受到的淨力並不只有來自太陽，也來自
其他各行星。雖然與巨大質量的太陽比起來，各行星對木星的拉力
相對小得多，這些重力的效果仍然看得到的。例如，當土星接近木

星時，它的拉力會干擾原本平滑的木星軌道，使兩個行星都稍稍偏離它們原本的路線。這種偏離現象，我們把它稱做「攝動」。

十九世紀中葉以前，天文學家對於無法解釋天王星的攝動感到困惑。即使把所有其他行星都納入考量，天王星的運行軌道還是非常詭異。可能的原因只有兩個，一是從太陽到天王星這種長距離條件下，重力定律並不管用；二是在天王星的附近，存在著其他未知的影響，譬如說還有另一個行星在干擾它。

天王星攝動的原因，在1845年與1846年，由英國的亞當斯（John C. Adams, 1819-1892）與法國的萊威利埃（Urbain J. Le Verrier, 1811-1877）兩位天文學家所揭露。只靠著鉛筆、白紙和牛頓的重力定律，這兩位天文學家分別得出相同的結論：罪魁禍首就在天王星軌道之外的某處。他們各自寄了封信給當地的天文台，並附上詳細的指示，說明如何朝天空中的特定部分搜尋。亞當斯的信件，由於格林威治天文台的誤解而耽擱，但萊威利埃寄給柏林天文台台長的信，倒是立刻受到重視。於是，在接下來的半小時內就發現了海王星。

天王星的其他攝動現象，則引導了第九顆行星的預測與發現。冥王星是在1930年由美國亞利桑納州的羅威爾天文台（Lowell Observatory）觀測到的。冥王星要花上248年才能繞行太陽一周，所以，要等到西元2178年，我們才能在首次發現冥王星的地方再看到它。

雙星互相繞著對方旋轉的運動，以及遙遠的銀河的形狀，都是在顯示萬有引力定律，不只局限在我們所屬的太陽系以內而已。重力作用的範圍，還包括其他更遠的地方，或者我們可以說，重力其實支配著整個宇宙的命運。

目前科學上的臆測，宇宙是由約一百億到一百五十億年前的一個原始火球爆炸而產生的，這就是關於宇宙起源的「大霹靂」（Big Bang）理論。宇宙中的所有物質，從大霹靂的那一刻起，便一直被向外擲出，且持續到現在還不斷在擴張。因此我們發現，我們正身處於一個擴張中的宇宙。

這個擴張的過程也許會永遠進行下去，又或許有一天會被所有物質的總合重力所擊敗，而終止擴張。就像我們向上拋出一顆小石子那樣，當石子遠離地表的過程終止，也就是到達它軌跡的最高點時，小石子開始往原點掉落；現今擴張的宇宙也可能開始收縮，回到原來的本體，這就是所謂的「大崩墜」（Big Crunch）。在那之後，宇宙很可能會再一次爆炸，產生另一個新的宇宙，那麼同樣的模式，就可能在一系列的擴張—收縮循環中不斷重複。這個過程有可能是一個週期嚴謹的循環，如果真是這樣，那麼我們所居住的這個宇宙，便是一個「振盪宇宙」。

我們並不知道宇宙的擴張是週期性的還是永無止境，因為我們還不確定是否有足夠的質量可終止目前的擴張過程。目前對這個振盪週期的估計，應該是略少於 1000 億年。如果宇宙真的是在振盪，那麼有誰可以估計出它已經擴張、塌縮過幾次了？我們知道，當宇宙中的所有物質在大崩墜的過程中，會縮小到僅僅如次原子粒子般大小，那麼上一個週期中存在的任何文明都不可能留下絲毫軌跡。所有的自然律，例如重力定律，也必然會被將來的更高等生物重新再發現一次，到時所有的學生也必然會學到這些，就和你現在正在做的事情一樣。請仔細想一下這件事喔！

很少有其他的理論可以像牛頓的重力理論那樣，能夠如此影響科學與人類文明。牛頓思想的成就開啓了「理性時代」或「啓蒙時

工作中的物理

天文學家

　　天文學家研究的主題，可說是橫跨了自然界的兩種極端：從浩瀚宇宙中的冷寂，到星球爆炸的熾熱；或是從微小的基本粒子，至無邊無際的宇宙本身。天文學家一般都在大學或政府體制內的天文台工作，早期的天文學家，大都在這些工作場域中把心血用在分類天空中所出現的各個物體上；而今日的天文學家，則使用大量的物理知識，來研究恆星的生命週期，以及尋找其他可能存在的新物質，它們或許可以提供一個振盪宇宙所需的質量。說天文學家是一群很前衛的人，一點也不為過。

代」，他展示出只要透過觀察與推論，人類便可以揭露物質世界的運作方式。試想，月亮、行星、恆星與星系都有一個簡單、美麗的規則——

$$F = G\,\frac{m_1\,m_2}{d^2}$$

所支配，是多麼地深奧啊！

　　這個簡單規則的公式，正是科學能成功的重要理由之一，因為它提供了一個希望，那就是人們開始期望，是否世界上的其他現象，也能用這麼簡單、通用的定律來表示。

　　這個希望滋養了十八世紀的許多科學家、藝術家、作家以及哲學家的思維，英國的哲學家洛克（John Locke, 1632-1704）就是其中之一。他認為牛頓所展示出的觀察與推論方式，應該是所有事物的

最佳準繩與導引。洛克主張,所有事物的本質、甚至社會,都應該要仔細探究,以發現任何可能存在的「自然律」。洛克與他的追隨者使用「牛頓物理學」當做一個推論模型,建構出理想政府的體系,支持者更是遍布在橫跨大西洋的十三個英屬殖民地上,而這些想法,在美國獨立宣言與美國憲法上獲得了最佳體現。

觀念一把抓

觀念摘要

月球或是其他繞著地球運行的物體，實際上是不停朝著地球掉落，只是因爲它們的切線速度夠大，才能避免撞上地球。

根據牛頓的萬有引力定律，所有的物體都會吸引其他的物體，而任兩個物體間的引力大小，與它們的質量及質心相連的距離有關。

◆ 質量愈大，引力愈大。
◆ 距離愈遠，引力愈小。

重力的遞減，符合平方反比律，也就是重力隨距離的平方遞減。

重要名詞解釋

萬有引力定律　law of universal gravitation　對於任兩個物體而言，其中一個吸引另一個物體的力，與它們的質量乘積成正比，與質心連線距離的平方成反比。（12.4）

萬有引力常數 G　universal gravitational constant, G　牛頓的萬有引力定律中的常數 G，用來量度重力大小。（12.4）

平方反比律　inverse-square law　一個物理量隨另一物理量的平方減小，例如照度隨著與光源距離平方成反比變化。（12.5）

攝動 perturbation　一個繞著某個質量、沿軌道運行的物體，由於另一個質量的加入，使這個物體偏離原來的軌道。（12.6）

借題複習

1. 爲什麼牛頓會認爲一定有一個力對月球作用呢？（12.1）

2. 關於讓蘋果掉到地面上的力，與讓月球沿軌道運行的力，牛頓做出了怎樣的結論？（12.1）

3. 如果說月球正在往掉落，它爲什麼不會愈來愈接近地球呢？（12.2）

4. 切線速度的意義爲何？（12.2）

5. 牛頓如何驗證他那「月球與地球存在著引力」的假說？（12.2）

6. 從假說（有根據的猜測）提升到科學理論（經過組織而成的知識）的條件是什麼？（12.2）

7. 既然行星會被太陽的重力拉引，它們爲什麼不會直接撞上太陽呢？（12.3）

8. 牛頓對於重力有什麼樣的發現？（12.4）

9. 數值很小的萬有引力常數 G（在國際單位制下），能告訴我們什麼關於重力大小的訊息？（12.4）

10. 你的體重是由哪兩個質量與哪一種距離所決定的？（12.4）

11. 重力的大小是如何隨物體與地球距離的增加而減小？（12.5）

12. 如果你與地心的距離增爲原來的五倍，那麼你在這兩地秤重的結果會差多少？如果距離變爲十倍呢？（12.5）

13. 地球爲什麼是圓的（切確一點說是橢圓）？（12.6）

14. 造成行星攝動的原因爲何？（12.6）

想清楚，說明白

1. 底下是一則商品上的標示，請你評論一下它是否值得我們注意。

> 注意：此商品的質量，會影響宇宙中的每一個質量；此引力的
> 　　　大小與兩者質量的乘積成正比，與距離平方成反比。

2. 我們知道地球與月球之間因有重力而互相吸引。請問，質量較大的地球，對月球的引力，是大於、相等還是小於月球對地球的引力？

3. 請問在地表上重500牛頓的女生所受到重力的大小與方向為何？

4. 假設太陽對行星的重力突然消失的話，行星的運動軌跡將做何改變？

5. 「月球每秒掉落1.4公釐」這句話的意思，是不是指月球以每秒1.4公釐的速度接近地球？如果它的切線速度減小一些，則月球會不會更接近我們一點？請解釋。

6. 假設月球的質量變為兩倍，地球對月球的引力會不會也跟著加倍？那月球對地球的引力呢？

7. 下述兩種情形，哪一種需要比較多的燃料：火箭從地球飛向月球，還是從月球飛回地球時？為什麼？

8. 證據顯示宇宙目前擴張的速度正在減緩中，請問這個現象與萬有引力定律是吻合，還是互相矛盾？請解釋。

9. 木星的質量約是地球的300倍，然而物體在木星表面上的重量卻只是地球上的2.5倍。你能不能對這個現象，給出一個合理的解釋？（提示：請用萬有引力公式裡的各項來引導你思考。）

10. 有些人認爲科學理論「只是」理論而已，而輕忽科學理論的正確性。萬有引力定律是一個理論，這是否意味著科學家還在質疑它的正確性？試著解釋你的想法。

沙盤推演

1. 試計算質量 1 公斤的物體在地表所受到的重力大小。地球質量爲 6×10^{24} 公斤，半徑爲 6.4×10^{6} 公尺。

2. 把質量 1 公斤的同一個物體，移到地表 6.4×10^{6} 公尺的高空（也就是距離地心兩個地球半徑遠），試問此時物體所受到的重力是多少？

3. 試計算地球（質量 6×10^{24} 公斤）與月球（質量 7.4×10^{22} 公斤）之間的重力。地球與月球之間的平均距離爲 3.8×10^{8} 公尺。

4. 試計算地球與太陽之間的重力。（太陽質量 2.0×10^{30} 公斤；地球與太陽之間的平均距離爲 1.5×10^{11} 公尺。）

5. 當火星（質量 6.4×10^{23} 公斤）運行到最接近地球的位置時（約 8×10^{10} 公尺）時，試計算火星與一位新生嬰兒（質量 4 公斤）間的重力是多少？

6. 試計算一位婦產科醫師（質量 75 公斤）與一位質量 4 公斤的新生嬰兒在相距 0.3 公尺時的重力。再者，是火星還是婦產科醫師對新生嬰兒作用的重力較大？差別有多少？

實戰演練

1. 如果月球繞地軌道的半徑變成現在的兩倍，那麼它每秒會向地球「掉落」多少？

2. 假設地球的直徑與質量都加倍，則你的體重會變為原來的幾倍？

3. 假設你爬上一個很高很高的樓梯，此時你與地心間的距離變成在地表時的兩倍，請問你的體重將做何改變？

4. 試估計木星的直徑（以地球直徑為單位來比較）。請參考「**想清楚，說明白**」第9題提供的數字。

5. 為了要對地球與月球間的重力大小有更清楚的理解，我們假裝把地球與月球間的重力「關掉」，而它們之間互相拉引的力則由一條銜接地球、月球的鋼纜的張力所代替。請問這條鋼纜的直徑需是多少？你可以用底下的數字來估計：一般鋼纜的抗張強度約是 5.0×10^{8} 牛頓／公尺^{2}（每平方公尺的截面積可以支承 5.0×10^{8} 牛頓的力）。

第 13 章

重力交互作用

每一個人都知道，物體會向下掉是因為重力
的關係，甚至早在牛頓以前的人，也都知道
這個事實，所以與一般印象相反，牛頓其實
不是發現重力的人。牛頓其實發現的是「重力乃萬有引力」，也就是
說，把蘋果從樹上拉到地面的力，和讓月球繞著軌道運行的力其實
是一樣的，而且，也是同一個力讓地球與月球繞著太陽轉。即使是
太陽，也是藉著重力，與一群恆星繞著我們所在的銀河系的中心運
行。在上一章談到，牛頓發現宇宙中所有的物體都是互相吸引的；
而在本章裡，我們將仔細探討重力在地表上、高於地表以及地表之
下所扮演的角色。我們將學到重力是如何影響海洋與大氣，以及重

力的最極端現象——黑洞。現在，先從重力場的觀念開始吧。

▲圖 13.1
我們可以說，火箭受到地球的吸引，也可以說是火箭正和地球的重力場有交互作用，這兩種說法都對。

13.1 重力場

如果你曾經玩過磁鐵與鐵屑，就應該不會對磁場的觀念感到陌生。所謂的磁場，是一種圍繞在磁鐵附近的「力場」。力場會對它鄰近的物體施力，譬如磁場會對磁性物質施以磁力。你如果把鐵粉撒在磁鐵周圍，就可以看到鐵粉是如何讓磁鐵附近的力場現形。鐵粉的圖樣，顯示出磁鐵附近不同位置的磁場強度與方向。鐵粉分布愈密集，磁場的強度就愈強。以後我們也會學到圍繞在電荷附近，也有類似的電力場存在。但首先，我們從圍繞在大質量物體的力場——重力場開始。

地球的重力場可以由想像的場線來表示（圖 13.2）。跟磁鐵附近的鐵粉一樣，場線愈密集的地方，重力場的強度就愈強。任何地點的重力場方向，是沿著該點場線的方向，圖中的箭頭顯示了重力場方向。凡是粒子、太空船、或是地球附近的任何質量，在沿著它們所在位置的場線方向，都會有加速度。

地球的重力場強度，是指地球對任何物體每單位質量上所施的力，我們把重力場定義為：

$$\mathbf{g} = \frac{F}{m}$$

g 是一個向量，因為它有大小（強度）與方向。這個式子的符號與加速度的符號相同，這是因為它也等於自由落體的加速度，也就是物體只受到重力作用時所產生的加速度。在地表附近，重力場的

▲圖 13.2
我們用場線來表示地球附近的重力場。在場線比較密集的地方，重力場強度也比較強。在離地球較遠的地方，場線比較稀疏，重力場也比較弱。

強度是：

$$\mathbf{g} = \frac{F}{m} = 9.8 \text{ N/kg} = 9.8 \text{ m/s}^2$$

讓我們驗算一下這個 g 值。在地表附近，物體所受到的重力大小，就是它的重量，也就是物體的質量 m 與地球的質量 M 兩者之間的引力。兩者間質心的距離，等於地球的半徑 R。假如我們把這些符號（$m_1 = m$，$m_2 = M$，$d = R$）代入重力定律中，再把它除以物體質量 m，我們會得到：

$$\mathbf{g} = \frac{F}{m} = \frac{G \dfrac{mM}{R^2}}{m}$$

把分子分母的 m 相消後，得到：

$$\mathbf{g} = \frac{GM}{R^2}$$

如果你手邊有一台計算機，把下面這些數字代進去，就可以算出 g 值的大小：

$G = 6.67 \times 10^{-11}$ 牛頓・公尺^2／公斤^2
$M = 6.98 \times 10^{24}$ 公斤
$R = 6.37 \times 10^{6}$ 公尺

把前兩個數字 G、M 相乘後，再除以第三個數字 R 兩次，四捨五入取到小數第一位，則你的答案應該是 9.8 牛頓／公斤，此外，1 牛頓等於 1 公斤・公尺／秒^2，所以牛頓／公斤這個單位，會等於公尺／秒^2。

因此，g值的大小只與地球的質量和半徑有關，也就是說，如果地球的質量或半徑有所變化，地表的g值也會跟著改變。如果你可以知道某行星的質量與半徑，你也可以計算出在此行星表面的重力加速度。

在地球外部，地球的重力場強度與作用在物體上的重力一樣，都滿足平方反比律，所以g值會隨著離地球距離的增大而減弱。

❓ Question

1. 為什麼所有的自由落體都有相同的加速度？
2. 月球表面的自由落體加速度只有9.8公尺／秒²的六分之一。從這個事實看來，我們可不可以說，這是由於月球質量是地球質量六分之一的緣故？
3. 與地球的g值相比，木星的g值是地球的幾倍？（數據資料：木星的質量約是地球的300倍，半徑是地球的10倍。）

13.2 行星內部的重力場

與地球的外部相同，地球內部也有重力場存在。為了要研究地表下的重力場，我們先想像一條從北極貫穿地球到南極的通道。忽略所有現實上的困難，譬如熔岩或地底高溫，若你掉到那個通道裡，會經歷怎樣的運動狀態呢？

假設你從北極掉入，那麼在你向地心掉落時，你的速率會一直增加；當你通過地心、往南極飛去時，速率則會漸漸減慢。忽略空

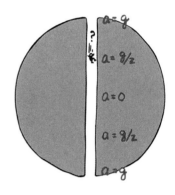

▲圖13.4
當你掉到貫穿地球的通道時，你掉落的速度愈來愈快，但加速度卻逐漸減少，因為位在你上方的地球質量，會抵消部分把你向下拉的力。在你掉到地心時，所有的拉力剛好抵消，你的加速度為零。通過地心以後，動量會讓你隨著一個逐漸增大的加速度，從地心抵達地球的另一端，而那裡的加速度又回到了g。

Answer

1. 我們在第5章學牛頓第二運動定律時，有學到 a＝F/m。在自由落體中，所有物體都有相同的 F/m 比（重量／質量），因此所有自由落體的加速度都相同。而在本章裡，我們由不同的觀點——重力場強度 g 的觀念，來說明重力場強度 g 也等於 F/m。根據牛頓的重力方程式，我們知道地表的 F/m 等於9.8 公尺／秒^2，而在相同的重力場 g 之內，所有的自由落體都有相同的重力加速度 g。

2. 不可以。只有在地球與月球有相同半徑的條件下，我們才能做出月球質量是地球質量六分之一的結論。事實上，月球半徑（1.74×10^6公尺）是地球半徑的 1/3 不到，而月球質量（7.36×10^{22}公斤）則是約地球的 1/80。

3. 對地球而言，$g＝GM/R^2$，所以對木星表面而言，g 值會等於 $G(300M)／(10R)^2＝300GM／(100R^2)＝g＝3GM／R^2$，也就是地球 g 值的三倍。（更精確地說，木星的 g 值是地球 g 值的 2.44 倍，因為它的半徑幾乎是地球的 11 倍。）

氣阻力，你經由這個通道北極到南極的旅程，大概會花將近45分鐘的時間。但是，如果你在抵達南極的那一瞬間，沒有即時抓住通道邊緣的話，你可是馬上又會跌回那個通道，再次經歷朝著地心加速、減速，然後過了相同的時間，又回到北極。

假設你有某種方法可以量度你自己在這趟旅行中的加速度，在剛掉下去通道中的時候，重力場的強度含你的加速度都等於 g，但是你會發現，隨著離地心愈近，重力場的強度和你的加速度也會穩定遞減。為什麼？因為當你被「向下」拉入地心的同時，你也被在你「上方」的部分地球「向上」拉回來。事實上，當你到達地心的時

候，所有「向下」的拉力剛好等於所有「向上」的拉力，而你所受到每個方向上的拉力都相同，所以作用在你身上的淨力等於零。因此，當你以最大的速率疾馳過地心的時候，你的加速度其實是零，也就是說，地心的重力場等於零！有趣的是，在剛掉下去的前幾公里，你是會獲得加速度的，因為地表物質的密度，比起整個地球的密度要來得小，也就是說在地表之下的前幾公里，你的體重會稍稍增加。不過，當你愈掉愈深時，你的體重便會開始減輕了，且在抵達地心時，你的體重會消減爲零。

更精確地說，我們可以想像在地球內部有個環繞著你的「球殼」，它和作用在你身上的重力會互相抵消，而這個「球殼」的半徑，就是你所在的位置與地心的距離。舉例來說，假設你掉到半徑的一半處，在你上方球殼裡的所有質量，對於作用在你身上的重力完全沒有貢獻，而真正把你往下拉的，是球殼下方的質量，它也是你可以用來代入牛頓重力定律公式裡的質量。當你掉到地心的時候，整個地球對你來說就只像個球殼般，所有產生的重力都完全抵消掉了。（在《觀念物理》第 V 冊第33.3節討論電力的時候，我們會進一步解釋球殼內部的力場是如何抵消的。）

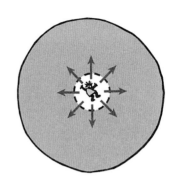

▲圖13.5
在地心的空穴中，你的體重會變成零，因為你會被四面八方大小相同的重力吸引，因此地心的重力場強度為零。

Question

1. 假如你跌進一個貫穿地球的通道，且當你掉到地球的另一端時，也沒打算去抓住邊緣那麼，你將會經歷怎樣的運動？

2. 當你掉到地球半徑的中點時，重力拉你的力與在地表相比，是較大還是較小？

Answer

1. 你會來來回回地在通道內振盪，很接近「簡諧運動」，每一次來回的時間約90分鐘。有趣的是，在下一章裡我們會看到，低軌道運行的衛星，繞地球公轉一周的時間也差不多是90分鐘。

2. 較小。因為把你往「上」拉的上方部分的質量，會和把你往「下」拉的部分地球質量抵消。如果地球的密度均勻的話，在半徑中點處的重力，恰好會等於地表強度的一半。然而，因為地核的密度非常大（約是地表岩石密度的七倍），所以該處的重力所造成的拉引，會比地表強度的一半還來得大一些。至於確實的數字，則視地球密度隨深度的變化而定，我們至今還無法得知詳細的資料。

13.3　重量與失重

跟其他所有的力一樣，重力也會讓物體產生加速度。物體在重力的影響下，會被拉向對方且加速（只要沒什麼其他因素阻礙的話）。我們幾乎總是跟地球有所接觸，基於這個理由，我們認為重力只是一個把我們壓向地球的力，而不是讓我們產生加速度的力。對這個把我們壓向地球的力，我們稱這個感覺為體重。

一般的體重計是放在靜止的地板上的，地球與你之間的重力會把你拉向地板與體重計。根據牛頓第三運動定律，地板與體重計也會把你往上推。你與靜止的地板間，是體重計裡的彈簧，彈簧受這一對力的作用而壓縮，體重計上的讀數，便和彈簧的壓縮量相關。

正常體重

體重增加

體重減輕

失重狀態

　　如果你隨電梯的上上下下在秤體重，你會發現體重的讀數不是一個固定的值，但這是發生在電梯有加速度、而不是在做等速運動的時候。當電梯向上加速時，體重計與地板對你腳的推力會增大，它裡頭的彈簧也會被壓縮得緊些，換句話說，你的體重讀數會比原來增加。

　　當電梯向下加速時，你讀到的體重會比原來少一些，此時來自地板的支承力會變小。如果電梯的電纜斷裂，且電梯變成自由落體往下落時，你體重計的指針會指在零的數字上。根據這時體重計的讀數，你是處於失重狀態的，而且你也會覺得自己沒有重量，因為你的身體內部不再受到腿部和骨盆的支承力；你身體器官所做出來的反應，就跟沒有重力時是一樣的。然而，重力事實上並沒有消失，所以你真是處於失重狀態嗎？這個問題的答案，取決於你對重量的定義。

　　如果我們不把重量定義成作用在你身上的重力，而把它改成另

▲圖13.7
這兩個人正在「體驗」失重的感覺。

一種比較實際的定義，就是你作用在地板（或體重計）上的力；根據這個定義，你的體重就是你自己所感覺到的。因此，所謂「失重」，並不是沒有重力作用在你身上，而是少了一個作用在你身上的支承力。這種因失重而產生的噁心感，也常發生在車子駛過地面的隆起而短暫離地時，或者更悲慘地，車子衝下斷崖時。在這些時候，重力並沒有消失，消失的是原本的支承力。軌道中的太空人，由於缺乏支承力，所以一直是處於失重狀態下，在他們習慣這種持續的失重狀態以前，有時會患有「太空噁心症」。

13.4　潮汐

　　自古以來，航海的人都知道潮汐與月球之間存在著某種關係，但一直沒有人可以對一天兩次的漲潮，提出合理的解釋。牛頓指出，潮汐產生的原因，是由於地球兩側對月球的引力差所造成的。靠近月球的那一側海洋，月球作用於它的引力較大；而對較遠的另一側海洋來說，月球的引力較小。原理很簡單，就是重力隨距離的增加而減弱而已。

　　如果說月球對靠近它這一側的海洋有較大的引力，對比較遠的

圖13.8▶
沿著海岸線，每天都會有二次的漲潮，兩次漲潮間是一次退潮。

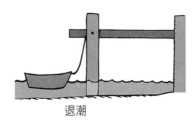

退潮

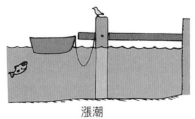

漲潮

那一側有較小引力的話，為什麼海洋不會就在靠近月球的這一側隆起呢？為什麼不是每天一次漲退潮，而是兩次呢？若地球是被「釘在」某處，而且除了自轉之外，沒有其他運動的話，那麼一天便會只有一次漲退潮。然而，地球並不是靜止不動的；它是位在繞著月球運轉的軌道上，就跟月球是位在繞著地球運轉的軌道上相同。事實上，它們是繞著它們系統的質心在旋轉的，而質心的位置是在地球內部，距離地心約四分之三的半徑上（圖13.9）。

接下來的是，接近月球那一側的海洋，因受重力吸引而被拉向月球，在此同時，地球主體也因受月球吸引而被拉向月球，導致地球主體更加遠離距月球較遠的那一側海洋，這是因為地球整體與較遠那一側海洋比起來更為接近月球。因此，地球兩側的海水會同時被稍稍「拉長」了。

圖13.10是一個粗略的拉長模型。把一個用太妃軟糖（用糖與奶油所熬成的一種糖果）做成的球綁在繩子的一端，在頭頂上旋轉，這個糖球會變形，使內側與外側產生「潮汐」般隆起。儘管地─月交互作用的實際情況跟這個簡化了的模型不同，但結果卻是類似的。地球被拉長的變形，可以由地球兩側海洋的隆起得到證明。

同理，地球也會造成月球的潮汐現象，也就是說固體月球的形

質心

▲圖13.9
地球與月球兩者的軌道都是繞著一個共同的點在旋轉的，那個點就是地─月系統的質心。

◀圖13.10
當我們把這個原本是球形的太妃軟糖球用繩子綁著，在頭頂旋轉時，它會被拉長一些。

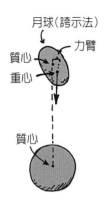

月球（誇示法）

力臂

質心

重心

質心

▲圖 13.11
當月球的長軸沒有和地球的重力
場平行時，便會有力矩存在。

▲圖 13.12
在地球每天的自轉運動中，隆起
的兩個海面與月球間的相對位
置，幾乎是保持不變的。

狀會有一點兒像橄欖球那樣兩端尖尖的。它與正球形之間的差異，已經足夠讓它的重心與質心不能重疊在一起。月球的質心與重心都位在它的長軸上，每當月球的長軸沒有和地球連成一直線的時候（圖 13.11），地球便會施一個力矩在月球上，這個力矩會把月球扭向地球重力場的方向，就像指南針裡的磁針受到力矩而指向磁場那樣。所以，我們才知道為什麼月球永遠都是用相同的那一面，面對我們！有趣的是，月球這個「潮汐石」也對地球有所作用。我們「一天」的長度，正以每世紀兩毫秒的速率在變長中，換句話說，幾十億年以後，那時的一天會等於現在的一個月，到時地球也會永遠以相同的面向著月球。這個預測聽起來怎麼樣？

每一天地球都會在隆起的海面下自轉一周，這就是每天會有兩次潮起潮落的原因，只要是通過隆起的地方，就是漲潮。以全世界的平均值來說，滿潮的高度高出平均海平面約 1 公尺。大約經過 6 小時，也就是地球自轉了四分之一圈的時候，該地點的海面高度，會低於平均海平面約 1 公尺，這就是低潮。低潮時所「不見」的海水，會跑到滿潮地區去，好讓那些海面隆起來，因此，地球在這兩個隆起的海面下旋轉一整圈後，我們每天就經歷了兩次滿潮與低潮。當地球在自轉時，月球也在它的軌道上繞著地球公轉，所以月球每經過 24 小時又 50 分鐘，才會再次出現在天空中的相同位置，也就是說，每兩次滿潮—低潮的週期事實上是間隔 24 小時又 50 分鐘的，這也是每天滿潮、低潮發生的時間都不太一樣的原因。

太陽其實也對地球的潮汐有影響，只不過沒有月球的影響力大而已。這也許會讓你覺得奇怪，尤其是在你知道太陽對地球的引力大小，是月球對地球的 180 倍以後。你一定會懷疑，為什麼太陽沒有引起 180 倍高的滿潮？答案與「差」這個關鍵字有關。因為太陽距地

球非常遠，所以地球離太陽近的那一側與離太陽遠的另一側，對太陽來說其實沒有很大的差別（圖13.13）。這個意思是，太陽對離它近的海洋，與離它較遠的海洋之間的重力拉引相差不大。這個小小的差異，對地球相對兩側海水所引起的「拉長」現象，不到月球所引起的一半。

◀圖13.13
當你站在離地球儀較近的地方時（好比月亮相對於地球），靠近你這一側的地球，與較遠的另一側比起來，明顯近了一些。當你站在比較遠的位置時（好比太陽相對於地球），地球儀兩側的距離差對你而言，就比較沒那麼明顯了。

　　在圖13.13裡，我們並沒有依比例畫出太陽、月球與地球間的距離差，而只是用簡單的示意圖表達而已。地球與太陽間的距離，實際上是地球直徑的12,000倍。若是使用普通直徑長三分之一公尺的地球儀，來判斷月球與地球遠近兩側的差異的話，你應該站在約10公尺遠的地方；若要判斷太陽與地球遠近兩側的差異時，你可能要到鎮上的另一邊，也就是4公里外的地方！〔太陽的引力對地球遠近兩側海水的拉力差百分比，只有0.017%，而月球造成的差異約是6.7%，但由於太陽的引力是月球的180倍，所以太陽所引起的潮差，是將近月球的一半（$180 \times 0.017\% = 3\%$，約6.7%的一半）〕。

　　牛頓推論，引力差會與兩物體中心距離的立方成反比，也就是說，當距離是兩倍的時候，引起的潮差為1/8，距離三倍時，只有1/27的潮差，依此類推。只有在兩物體距離相當近的時候，才會產

生明顯的潮汐,所以月球對潮汐的影響力,遠過於質量大很多但距離遙遠的太陽。潮汐的規模也與產生潮汐的地方本身的大小有關。月球對地球海洋的潮汐影響很大,但對湖泊的影響卻非常小。相對於數千公里的海洋,湖泊的尺寸小得多。就單一的湖泊而言,沒有哪個部分與月球在距離上有顯著的差異,因此月球對湖泊的引力也就不會有顯著的差異了。同樣的道理也適用於你身體內的流體。月球對你身體內流體所引起的潮汐現象,小到可以忽略,因為你的身高與你和月球間的距離相比,不足以讓月球對你體內的流體產生潮汐。把一本1公斤的書,放在頭頂上1公尺的位置,它對你身體所產生的「微潮汐」,就已經遠大於月球對你產生的「微潮汐」了。

當太陽、地球與月球三者連成一直線時,太陽和月球對於地球潮汐的影響,會有相加成的效果,於是我們會有比平均滿潮還要高的滿潮,以及比平均低潮還要低的低潮。這就是我們所說的「大潮」,如圖13.14所示。

圖13.14 ▶
當太陽、月球與地球三者連成一線時,就會發生大潮。

如果日、地、月三者完美連成一條直直的線,會有食象發生。月食是當地球運行到太陽與月球之間時(圖13.15a),日食則發生在月球位於太陽與地球之間的時候(圖13.15 c)。不過,日、地、月三者通常不會完美連成直直一線,因為相對於地球對太陽的公轉軌道面來說,月球的軌道面有點兒傾斜。所以,在每個月裡,當地球運

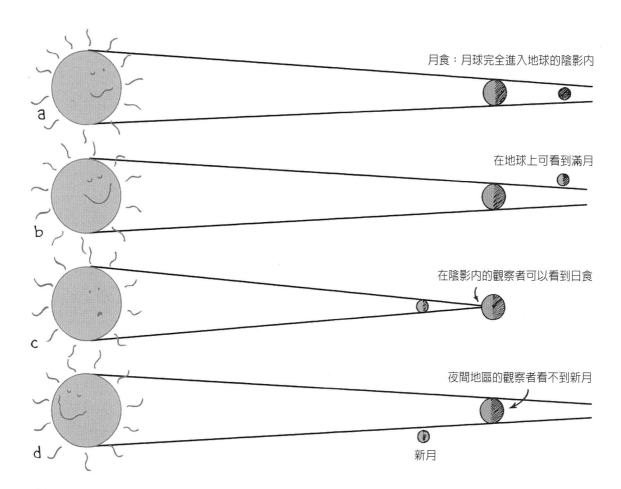

月食：月球完全進入地球的陰影內

在地球上可看到滿月

在陰影內的觀察者可以看到日食

夜間地區的觀察者看不到新月

新月

▲ 圖 13.15

太陽、地球與月球連成一線的細部說明：(a)日－地－月完美連成一條直線時，月食出現；(b)日－地－月不在同一直線上時，滿月出現；(c)日－月－地完美連成一線時，日食出現；(d)日－月－地不在同一直線上時，新月出現。在白晝地區，因為月球是用暗的那一面向著地球，所以我們看不到新月，而在夜間地區，新月則是根本就超出視線所及的範圍，你能否看得出來？

▲圖13.16
當太陽、月球與地球形成90度角時,半月出現,就會發生小潮。

行到太陽與月球之間時,我們會看到滿月;當月球運行到太陽與地球之間時,我們會看到新月,因此,大潮通常發生在滿月與新月時。

當我們看到半圓形的月亮時,就是月亮從新月運行到滿月(或從滿月運行到新月)的半途中(圖13.16),此時由太陽與月球各自產生的潮汐,會有互相抵消的效果。因此,此時的滿潮會低於平均滿潮,低潮則會高於平均低潮,這就是我們所說的「小潮」。

Question

我們知道太陽與月球都會引起地球的潮汐,我們也知道因為月球離地球比較近,所以它扮演的角色比較重要些。這個近距離是否也意味月球對海洋的引力,大於太陽對海洋的引力?

Answer

不是,太陽的引力還是強得多。重力的拉引是隨著距離的平方成反比,但地球兩側所引起的引力差,則是隨距離的三次方減弱。由於太陽的質量很大,所以儘管太陽的距離很遠、且會除以距離的平方,地球受到太陽的引力還是比鄰近的月球大。然而,影響潮汐的潮汐力,與距離的三次方成反比,因此太陽的影響力就小於月球了。

距離是影響潮汐力的關鍵因素。假如月球更靠近地球一些,則月球與地球的潮汐規模將會變大很多,與縮小後的距離成立方反比,此時只能用「大災難」來形容了,這不禁讓人想起行星環(見第116頁)!

潮汐發電

　　西元 1968 年，在法國的不列塔尼（Brittany），人類首次利用海洋的潮汐來發電——一座橫跨河流出海口的水壩，由每天的潮起潮落得到電力。一開始水壩一側的水位較高，且被刻意維持了 3 公尺的高度差，然後讓海水經由一根水管，從高水位的一側流到低水位的另一側，並藉此推動 24 個巨大的渦輪。當潮汐變化時，水管內的水流方向相反，但還是一樣會推動渦輪旋轉。這個水壩的上方，是一條跨越河口兩岸的高速公路，而它產生的電力可達兩億瓦，足以供應一個有 30 萬人的城市使用。

　　另一個影響潮汐現象的因素，是地球自轉軸的傾斜（圖 13.17）。即使地球兩側海水的隆起程度相同，但由於地球的傾斜，大部分地方一天通常會經歷到兩次不太一樣的滿潮。

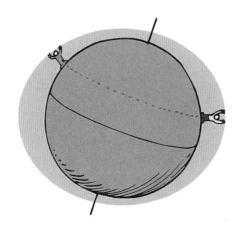

◀圖 13.17
地球自轉軸的傾斜，使一天之內同一地點的兩次滿潮不同。

我們在這一節對潮汐的討論，其實非常簡化。我們忽略所有複雜性，例如會造成干擾的土地質量、潮汐慣性、與海底的摩擦力等，這些因素導致世界各地的潮汐有極大的差異。雖然，世界各地潮汐高度的平均值，約高於和低於平均海平面 1 公尺，但在某些地區，潮汐的規模遠大於這個平均值。例如，在加拿大新斯科細亞省（Nova Scotia）的芬地灣（Bay of Fundy），以及美國阿拉斯加的一些峽灣，潮差高度往往超過 15 公尺。這個現象的原因，主要是因為海底地形朝陸地縮成 V 字型的緣故，所以當海水灌入這些峽灣的時候，漲潮的速度往往比人跑步的速度還快。所以，千萬別在退潮的芬地灣挖蚌殼！

13.5　地球的「潮汐」與大氣的「潮汐」

　　地球其實不是一個堅硬的固體，在一層薄而柔軟的固態地殼底下，融熔的液體組成了絕大部分的地球，因此月球與太陽的潮汐力，不只造成海洋潮汐，也造成了「地球潮汐」，地球固體表面每一天的升降幅度可高達 25 公分！正常來說，我們不會注意到這個現象，就像乘船在大海中的船客，不會特別注意到逐漸升降的海洋潮汐。衛星探測器時時監測著海洋與地球的潮汐運動。有趣的是，通常在地球經歷大潮，也就是接近新月或滿月的時候，地震與火山爆發的機率會偏高。

　　我們可以說是居住在「大氣海洋」的底部，而這個「大氣海洋」也有潮汐，不過相較之下，大氣潮汐的規模小得多。大氣層的頂層是游離層，顧名思義，它是由離子所組成的。形成這些帶電粒子的

原因，是由於受到強力的宇宙線轟擊，以及太陽的紫外線照射的結果。游離層中的潮汐效應會產生電流，因而改變地球附近的磁場，這就是「磁潮」。它的高低潮會輪流調節宇宙線穿透到低層大氣的程度，而穿透的宇宙線會影響到大氣的離子組成，這可以由接下來一些生物行為的微小變化得到印證。

磁潮高低潮的最大值，會發生在大氣滿潮的時候，也就是在接近新月或滿月時。（我們能不能說，這就是讓你的一些朋友在滿月時變得有些詭異的原因？）

天文學中的物理

行星環

太陽系中的九大行星，有四個具有行星環系統，其中以土星環最為明顯。潮汐力可能是形成這些行星環的原因。此外，衛星會受到一對不能同時作用的力：潮汐力傾向於把衛星拉遠，而衛星自己（與行星）的重力，則傾向於把衛星與行星拉在一起。

在太陽系形成的初期，土星（與其他的外行星）可能有一個或一個以上的衛星，這些衛星的軌道相當接近行星表面。強有力的潮汐力可能拉伸了這些衛星，並「撕裂」了它們。這數十億年來，這些衛星碎塊又已經碎裂成數十億個更小的碎片，並逐漸散開，形成我們今天所看到的行星環。我們的月球，因為距離地球夠遠，所以能抵擋潮汐力造成的「分解作用」。不過，若是它貼近地球只剩幾百公里的距離，增加的潮汐力就足以把自己「撕裂」，那麼我們的地球就會和土星、木星、天王星及海王星一樣，有個美麗的行星環系統了！

13.6　黑洞

有兩種主要的作用，一直在像太陽這樣的恆星中進行著，第一個是重力作用，它傾向於把所有的太陽組成物質拉向中心；另一個是熱核融合，它是由類似氫彈爆炸的反應所構成，這些似氫彈反應傾向於把所有的太陽組成物質向外吹出。當重力與熱核融合這兩個作用互相平衡時，就會有我們現在所見到這樣大小的太陽。

如果核融合的速率增快，太陽會變得比較熱，也比較大一些；若核融合的速率減緩，太陽則會變得冷一些，也小一些。當太陽把核融合所需的燃料（氫）用完了以後，會發生什麼事呢？答案是，重力作用會開始主導全局，而太陽也會開始塌縮。以我們的太陽為例，這個塌縮過程會再次點燃核融合的灰燼（氦），並把它們融合成碳。在這個核融合過程中，太陽會再次擴張，變成我們目前所知的紅巨星。紅巨星非常大，它將會延伸超過地球繞日的公轉軌道，並把地球給吞噬。幸運的是，這是從現在算起五十億年以後的事。當

圖 13.18 ▶
太陽的大小決定於兩個相反作用互相「拔河」的結果：核融合傾向於讓太陽變大（藍色箭頭）；重力的收縮傾向於把太陽擠在一起（黑色箭頭）。

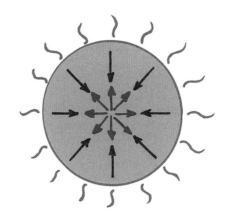

氫完全「燒盡」之後，紅巨星會開始塌縮並且死去。它將不會再散發任何的光和熱，然後就變成所謂的黑矮星，成為其他數十億個冷卻煤渣中的一員。

　　對於質量比太陽大的恆星來說，故事就有點不同了。對一個質量至少大於太陽質量二到三倍的恆星來說，當熱核融合的火焰熄滅、重力塌縮作用接手之後，它就會一直塌縮，永無止境！這個恆星不只是本身會塌縮，就連組成它的原子也是不斷地自我塌縮，直到沒有任何空間為止。根據理論，這個塌縮過程永遠不會停止，且它的密度會變成無限大。在這樣塌縮的恆星附近，重力非常巨大，沒有任何的東西可以從中跳出來，即使連光也逃不過。結果，這些恆星把自己塞入看不見的境地中，它們就是所謂的「黑洞」。（究竟需要多大質量的恆星，才會形成黑洞，天文物理學家目前還沒有一個確實的數字，不過他們相信，至少需要太陽的兩倍質量才夠。）

　　有趣的是，黑洞的質量其實跟它塌縮之前相同。黑洞附近的重力場強度也許非常大，不過，在恆星塌縮之前的半徑以外的地方，重力場的強度則與原來沒有差別（圖13.19）。這是因為整體的質量沒有改變，所以在原恆星半徑以外的地方，重力場強度也不會有所變化。因此，黑洞只有對於冒險接近它的太空人才會產生威脅。

　　黑洞的重力場組態，代表了太空本身的塌縮。如次頁的圖13.20，我們通常用一個扭曲的二維曲面來表示黑洞的重力場。在進到黑洞的邊緣時，太空人仍然可以藉著威力強大的太空船，逃離黑洞的魔爪。然而，在飛行一段距離之後，他們就逃不掉了，且會消失在這個可觀測的宇宙中。所以，千萬別靠黑洞太近！

　　雖然我們看不到黑洞，不過它們的效應倒是可以觀測得到的。天空中有許多雙星──兩顆恆星彼此繞著對方運行，它們的伴星有

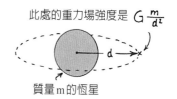

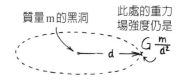

▲圖13.19
巨恆星附近的重力場強度，在它塌縮成黑洞之前（上）與之後（下），重力場強度不變。

些是隱形的,且在離某恆星很近的地方有黑洞存在時,從正常恆星中被黑洞吸出的物質,在加速飛進黑洞裡時,會發射出 X 射線。天文物理學家已經成功地偵測到這樣的現象了,實在迷人呀!

❓ Question

我們太陽的質量不夠大,無法變成一個黑洞。但如果太陽可以變成一個黑洞,且從目前的大小開始塌縮成黑洞的話,請問地球會不會被它吸進去?

圖 13.20 ▶
黑洞附近的重力場強度的二維曲面示意圖。任何物體掉到中央的扭曲部分時,它便從可觀測的宇宙中消失了。

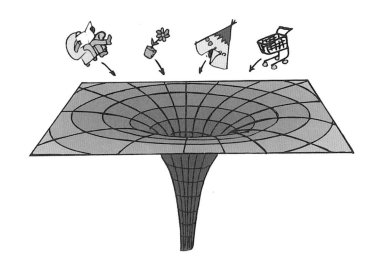

❶ Answer

不會。即使太陽變成黑洞,它與地球之間的重力也不會有任何改變。地球與其他行星,還是會繞著自己的軌道運形。位在太陽系以外的觀測者,將會看到這九大行星繞著一個「虛無」在旋轉,他們可能會推論出有黑洞的存在。目前觀測到那些繞著看不見的夥伴在旋轉的天體,正顯示了黑洞的存在。

觀念一把抓

觀念摘要

我們可以把地球想像成是被一個重力場包圍著，這個重力場與物體有交互作用，並讓這些物體感受到重力。

重力場強度 g 等於自由落體的加速度。

在繞著地球旋轉的物體，即使看起來處於失重狀態，其實還是有地球的重力作用在其上。

海洋潮汐（甚至固體地球內部的潮汐與大氣的潮汐）的成因，是由於月亮（與太陽）對地球兩側的引力差所造起的。

當恆星核融合的燃料用完時，在重力的作用下，它會開始塌縮。如果恆星的質量夠大，最後則會塌縮成一個黑洞。

重要名詞解釋

力場　force field　存在於一個環繞著質量、電荷或磁體的空間時，當另一個質量、電荷或磁體被引入這個空間，即會受到一個力的作用。重力場、電場和磁場都屬於力場。（13.1）

重力場 gravitational field　圍繞每一質量或一群質量四周空間的一種力場。（13.1）

失重 weightless　在向地球自由下落或環繞地球時，物體感受不到支承的力（放在秤上感受不到重力）的情況。（13.3）

大潮 spring tide　當太陽、地球與月球連成一條直線時所發生的滿潮或低潮，此時太陽與月球引起的潮汐相疊，導致滿潮比平均滿潮要高，低潮比平均低潮要低。（13.4）

月食 lunar eclipse　當地球位於太陽與月球之間時，整個地球遮住了射往月球上的日光，將地球陰影投射在月球上。（13.4）

日食 solar eclipse　當月球位於太陽與地球之間時，整個月球遮住了射往地球上的日光，使地球上的觀測者只看到太陽被遮住的樣子。（13.4）

小潮 neap tide　當月亮從新月運行到滿月（或是滿月運行到新月）中途所發生的潮汐。此時由太陽和月亮各自引起的潮汐會有部分抵消，所以滿潮比平均滿潮低，低潮亦比平均低潮高。（13.4）

黑洞 black hole　一個塌縮成極大密度的物質，它巨大的重力場連光都無法躲開。（13.6）

借題複習

1. 我們可以把力場想像成是一種環繞在物體周圍的一股「氣氛」，會對它周圍的物體散發出影響力。就像我們在往後的章節會談到的，電場會影響到電荷，磁場會影響到磁極，那麼重力場會對什麼造成影響呢？（13.1）

2. 下面的敘述何者為真？是飛向太空中的火箭與地球的質量有交互

作用，還是火箭與地球的重力場有交互作用？請解釋你的理由。
（13.1）

3. 把地表附近的重力場強度與自由落體的加速度相比，兩者有何異同？（13.1）

4. 不同的行星表面有不同的重力加速度，請問這是由哪些物理量所決定的？（13.1）

5. 地球附近的重力場強度，如何隨距離的增加而變化？（13.1）

6. 你的體重在何處最重？是在地表、深入地底，還是在高空？（13.2）

7. 為什麼當你深入地底時，體重反而會減輕呢？（13.2）

8. 地心的重力場值為多少？（13.2）

9. 當你搭乘的電梯等速上下移動時，你的視重量（體重計量出來的重量）會不會有變化？如果你搭乘的電梯是在加速中呢？為什麼？（13.3）

10. 地板給你的支承力與你的體重兩者之間有何關係？（13.3）

11. 如果月球對地球的每一個部分都以相同的重力在拉引，那麼還會不會有潮汐產生呢？請說明你的理由。（13.4）

12. 為什麼在解釋潮汐現象時，「差」會是一個關鍵字？（13.4）

13. 下面兩對作用力哪一對比較大？是月球與地球之間，或是太陽與地球之間？（13.4）

14. 太陽還是月亮哪一個對海洋潮汐的影響比較大？為什麼這一題的答案，跟上一題的答案沒有矛盾？（13.4）

15. 為什麼在滿月、新月、日食與月食時，潮汐會特別大？（13.4）

16. 試區別大潮與小潮。（13.4）

17. 太陽與月球是否也會讓地球產生大氣潮汐？（13.5）

18. 決定恆星大小的兩大因素是什麼？（13.6）

19. 試區別黑矮星與黑洞。（13.6）

20. 即使太陽變成黑洞了，地球還是不會被吸進去，為什麼？
（13.6）

想清楚，說明白

1. 假如地球的大小不變，但質量增為兩倍時，G值會做何改變（如果有改變的話）？而g值又會做何改變（如果有改變的話）？為什麼你的答案會不一樣？在本題與下一題，請利用公式 $g = GM／R^2$ 引導你思考。

2. 如果地球的質量不變，但半徑因為某種緣故縮小成原來的一半時，新的地表上的g值將會是多少？距新地表一個新半徑遠的高空處，g值又是多少？

3. 地表附近的一顆蘋果，重量約為1牛頓。請問，在蘋果的重力場內，地球的重量是多少？

4. 假設有個朋友向你提議一個太空探測計畫，是要挖一個貫穿地球的通道，然後利用這個通道發射太空探測船。你的朋友解釋道，這艘太空探測船掉入這個通道後，會一直邊掉落邊加速，然後像拋體一樣，從地球的另一端射向太空。你同意或反對你朋友的提案？說說你的理由。

5. 假設你站在一個正在收縮中的行星上，因為離行星中心愈來愈近的關係，你的體重會愈來愈重。可是，若你從行星的表面開始挖通道，在你離地心愈近時，體重反而愈輕。為什麼會有這樣的差異？

6. 假如你很不幸搭到一部自由掉落中的電梯，你可能會注意到你的手提袋飄浮在你面前，看起來好像失重一樣。試採用不同的坐標系，看看在哪一個坐標系內的手提袋正往下掉落，而在哪一個坐標系內，手提袋並沒有往下掉落？

7. 什麼時候的月亮最圓？剛好在日食之前，還是剛好在月食之前？請說明你的理由。

8. 如果地球直徑比現在大一些，會對潮汐產生什麼影響？如果地球不變，換成是月球變大（但質量不變），則又會對潮汐產生什麼影響？

9. 人體有 50% 以上是水，那麼月亮對你的重力吸引，有沒有可能引起什麼明顯的「生物潮汐」現象？也就是說，在體內不同部分的流體之間，存在著週期性的水流？（提示：身體中是否有哪些部分會明顯接近月亮？月亮的引力對身體的各個部分，是否存在著引力差？）

10. 黑洞的質量其實不會比塌縮前來得大。那麼為什麼在黑洞形成以後，它附近的重力場強度會是如此大呢？

沙盤推演

本單元所有的問題，都與下面的資料相關。

地表上 1 公斤的水，在距離月球最近的地方所受到的引力，比把它放在地球另一端，也就是離月球最遠的地方，要來得大一些。每單位質量所受到引力差，也就是所謂的潮汐力，可以用下頁的方程式來表示：

$$T_F = \frac{4GMR}{d^3}$$

其中 G 是萬有引力常數，M 是月球質量，R 是地球半徑，而 d 則是地心與月球中心的距離。

1. 試以牛頓／公斤為單位，來表示月球作用在地球上的潮汐力 T_F。（$M = 7.35 \times 10^{22}\ kg$，$R = 6.4 \times 10^6\ m$，$d = 3.85 \times 10^8\ m$）

2. 假設在地球上的你剛好站在月球的正下方，此時月球的潮汐力會把你稍微拉長一些，且它對你頭部的拉引，會大於對你腳部的拉引。因為你頭到腳的距離，不像地球兩側的海洋那麼遠，所以上面公式中的 R 改成用你身高的一半，而不是原本的地球半徑。試估計月球作用在你身上的 T_F 大小。

3. 你腳底下的地球，也會稍稍把你拉長一點，雖然這個力很小，但是地球對你腳部的拉力，還是略大於對頭部的拉力。請問地球作用在你身上的 T_F 有多大？（現在，公式中的 R 是你身高的一半，d 是地心到你的距離，也就是 6.4×10^6 公尺；M 則是地球的質量，6.0×10^{24} 公斤。）比比看，是地球還是月球作用在你身上的 T_F 比較大？

4. 即使是質量只有 1 公斤的哈密瓜放到你的頭頂上，也會產生潮汐力。然而，上面的公式只適用於 d 遠大於 R 的情形，所以前面幾題的情況都適用，但並不適用於現在這個例子。你與哈密瓜兩者的中心距離 d，大約只有 R 的兩倍。所以，我們必須採用潮汐力的一般公式 $T_F = 4GMdR / (d^2 - R^2)^2$，上面的公式也是由此導出的。請用此式來計算哈密瓜作用在你身上的 T_F；此時 M 為 1 公斤，若你身高 2 公尺，R 就等於 1 公尺，d 為 2 公尺。試把計算出

來的結果，與地球和月球作用在你身上的 T_F 比較一下。

實戰演練

1. 質量1公斤的物體，在火星表面的重量是多少？火星的質量是地球的0.11倍，半徑則是地球的0.53倍。

2. 很多人都有一個錯誤的觀念，認為繞地球運行的太空人是在「重力之上」，所以沒有受到重力的吸引。試計算在地表200公里以上的高空，太空梭周遭的g值。假設地球質量 6.0×10^{24} 公斤，地球半徑是 6.37×10^{6} 公尺（6,370公里）。請問你的答案是9.8 公尺／秒^{2}的百分之幾？

3. 假設在另一個遙遠的太陽系內，有一顆小而美的行星叫做巴隆尼斯（Ballonius），它的半徑是200,000公尺。我們站在巴隆尼斯的表面上，放手讓一顆小石頭自由掉落，發現它在第一秒內掉落的距離為1.5公尺，也就是說它的加速度是3公尺／秒^2。試估計一下巴隆尼斯的質量。

4. 選一個太陽系中的行星來計算它作用在你身上的潮汐力，再把你計算的結果跟「**沙盤推演**」的第4題答案比較。然後，去跟那些認為行星的潮汐力會作用到人身上，且會影響人類生活的朋友討論一下！

第 14 章

衛星運動

如果你放開手中的石頭,它會直直掉落到地上。如果你邊放手,邊讓手做水平運動,那麼石頭掉落的軌跡會是一條曲線(拋物線)。如果你出手的速率快一些,石頭飛的距離會遠一點,墜落路徑的曲率也會變小。若軌跡的曲率剛好等於地球的曲率,會發生什麼情

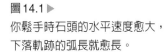

圖 14.1 ▶
你鬆手時石頭的水平速度愈大,
下落軌跡的弧長就愈長。

況？答案很簡單，如果不考慮空氣阻力，那麼你便丟出了一個繞著地球旋轉的人造衛星！

14.1　地球的衛星

　　地球的衛星（月球及人造衛星）是繞著地球、而不是向地球掉落的拋體。想像你身處在一個比地球小得多的行星上，如圖14.2所示。因爲行星的體積比較小，質量也不大，所以你不必把石頭扔得非常快，就可以讓它的軌跡與該行星的表面曲率吻合。因此，如果你石頭扔得恰到好處，這顆石頭的墜落軌跡會形成圓形軌道。

　　如果我們希望扔出去的石頭可以繞著地球運轉，那麼需要多大的水平速率才能辦到？這個問題的答案與兩個因素有關，一是石頭掉落的速率，另一是地球的曲率。回想一下我們在《觀念物理》第I冊第2章學到的，一物體從靜止開始往下落，會產生 10 公尺／秒^{2}的加速度，且第一秒內的下落距離是5公尺（更精確點說，這兩個數字應該是9.8 公尺／秒^2，以及4.9公尺）。還有在第3章裡也學過，所有拋體在從靜止開始下落的條件下，第一秒內的下落距離也是5公尺，且別忘了，在沒有重力的情況下，拋體本來的飛行軌跡應該是一條直線。（請回過頭翻一下《觀念物理》第I冊圖3.10。）

▲圖14.2
如果石頭扔出去的水平速度控制得恰當好處，它的軌跡曲率會剛好等於這個小行星的表面曲率。

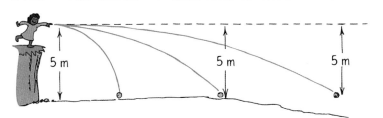

◀圖14.3
不管用什麼速率丟石頭，一秒鐘之後，它都會下落5公尺的垂直距離。

一個關於地表曲率的幾何學事實告訴我們，沿切線方向每行進8000公尺，地表就會落到那條切線下方5公尺處（圖14.4）。這意思是說，如果你在一個很平靜的海裡游泳，則遠在8公里之外的一艘桅杆高度5公尺的帆船，你只能望見那船桅杆的頂端。

圖14.4 ▶
地球的曲率（誇示法）。

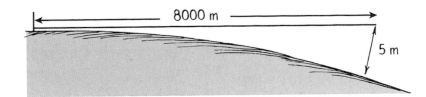

　　在石頭掉落5公尺垂直距離的時間內（1秒鐘），如果你能把石頭以超快速扔到8公里遠的地方，這顆石頭的軌跡就和地球有相同的曲率半徑了，你看得出來嗎？8公里／秒是不是就是石頭的速率？所以現在我們已經知道，一個靠近地表繞轉的軌道速率是8公里／秒。如果你不覺得這個速率很快的話，把它換成時速看看，相信29000公里／小時（或18000英里／小時）的時速，夠讓你印象深刻了吧！在這個速率下，空氣阻力可以把任何東西燒焦，這也是為什麼我們必須把人造衛星送到地表上方150公里或更高的高空，目的就是避免它像隕石一樣燒毀在大氣層中。

14.2　圓形軌道

　　一個有趣的現象是，當衛星以圓形軌道繞行地球時，重力並不會改變它的速率。我們也可以把圓形軌道上的衛星與在球道上滾動的保齡球來做比較。為什麼重力不會改變保齡球的速率呢？答案是

重力既不會把球往前拉，也不會把它往後推，重力只會把球往下拉而已；保齡球在球道的水平方向上，沒有任何重力的分量。

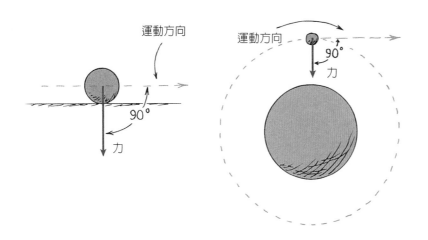

◀圖 14.5
（左）作用在保齡球上的重力，並不會影響球速，因為重力在水平方向上的分量為零。（右）對圓形軌道上的衛星來說，道理也相同。這兩個例子中，重力方向皆與運動方向垂直。

運動方向

運動方向

90°

力

90°

力

在圓形軌道上的衛星也是以同樣的道理運行，此時衛星的運動方向會一直與重力方向垂直。它不會往重力方向上運動（這會讓衛星的速率變快），也不會往重力的相反方向運動（這會讓衛星的速率變慢）。相反地，衛星的運動正好與重力方向垂直交叉而過，因此衛星在速率上不會有任何改變，會改變的只有運動方向而已。在圓形軌道上運行的衛星，永遠與重力方向垂直、與地球表面平行，並以等速率運動。

對於比較靠近地球的人造衛星而言，繞行地球一周所需的時間，也就是週期，大約是 90 分鐘。至於高軌道衛星，它運行得比較慢，週期也比較長。月球距離地球相當遠，它的週期是 27.3 天。通訊衛星的軌道，大約離地心 6.5 個地球半徑遠，它的週期是 24 小時，剛好與地球的自轉週期同步。它們會被發射到位在赤道面的軌道

❓Question

1. 對事情的解釋方式，永遠不只有一個。下面這個解釋說得通嗎？衛星之所以不會掉到地球上，是因為它已經超出地球引力的主要作用範圍了。

2. 低軌衛星每一秒內都會向下落5公尺。假若它不與地球愈來愈靠近，它又如何能下落5公尺呢？

上，所以會一直保持在赤道上空。〔若你繼續進修進一步的物理課程，便會學到圓形軌道上衛星的切線速率 $v = \sqrt{GM/d}$，週期 $T = 2\pi\sqrt{d^3/GM}$，其中 G 是萬有引力常數（見第12章），M 是地球質量或任何擁有衛星的行星質量，d 則是從地心或行星中心算起的衛星高度。〕

回憶一下第12章裡提過的，牛頓從研究月球運動的過程中，了解到衛星運動。他預見了發射人造衛星的可能，並推論如果有足夠的初速率，在沒有空氣阻力的情形下，砲彈可以繞著地球永不停止

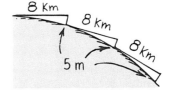

▲圖14.6
低軌衛星運行的切線速率是8公里／秒。每1秒鐘，它在切線方向上走8公里，向下落5公尺。

🅐 Answer

1. 不對！不對！一千個不對！沒有任何質量能脫離重力的吸引範圍。假如有任何運動中的物體不受地球的重力作用，它將會做直線運動，而不是繞著地球跑。衛星之所以會保持在軌道上，是因為它們被地球的重力拉引著，而不是因為超出了重力的範圍（請回顧第13章「**實戰演練**」第2題）。

2. 在每一秒內，衛星下落的垂直距離是5公尺；地球則是在8公里的切線長度範圍內，向下彎曲了5公尺。由於衛星的速率是8公尺／秒，所以它「下落」的速率，剛好等於地表弧度的變化率，因而不會更接近地球。

地飛行,而牛頓計算出的初速率,也正好是8公尺／秒。在當時,這是一個不可能達到的速率,所以他對人造衛星的發射並沒有樂觀的期待。然而牛頓沒有想到的是「多節火箭」的設計,也就是讓火箭一節背著一節,藉由連續發射火箭的方式,得到足夠的軌道速率。

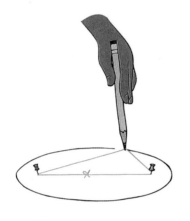

▲圖14.7
一種畫出橢圓的簡單方法。

14.3　橢圓軌道

　　如果大氣層以外的衛星,水平速率超過每秒8公里的時候,它的軌道就會從圓形變成橢圓形。

　　橢圓形是一種特殊的曲線,它是一條封閉曲線,線上的每一個點,相對於兩個固定點(稱為焦點)的距離總和,保持定值。對一個繞著行星運轉的衛星而言,行星的中心是橢圓的焦點之一,另一個焦點則可能在行星的內部或外部。橢圓可以很容易地用兩根圖釘畫出來。在每個焦點上釘上一根圖釘,用一圈繩子再加一支鉛筆,如圖14.7那樣繞一圈就可以了。當大頭釘的距離愈近,畫出來的橢

> **物理 DIY**
>
> **橢圓形的畫法**
>
> 　　參考圖14.7,用一圈繩子、兩個大頭釘及一隻鉛筆來畫個橢圓。試試看,改變這兩個大頭釘的距離,然後畫出各個不同的橢圓。另外,試著把圓盤豎在平面上,用筆描它的影子邊緣畫出橢圓。請問你要怎麼移動盤子,才能得到不同的橢圓呢?

圓形就愈接近圓形；當兩個焦點重疊在一起的時候，畫出來的就是一個圓了。圓形可以說是橢圓中的一個特例。

　　衛星的速率，在圓形軌道上是恆定的，但若是在橢圓軌道上，則會隨著位置的不同而改變。初速率大於 8 公里／秒的時候，衛星會飛出圓形軌道而遠離地球，也就是反抗了重力，因此它的速率會變慢一些。就像往上拋出石頭一樣，當衛星減慢到某一點時，會不再遠離地球，反而往地球下落，它在遠離時失去的速率，會在下落回來的過程中重新得到。之後，衛星會以原來的速率重返它的軌道（圖 14.9），並一再循著這個橢圓軌道運行。

▲ 圖 14.8
球所產生的陰影都是橢圓，其中的一個焦點，就是球與桌面接觸的那一點。

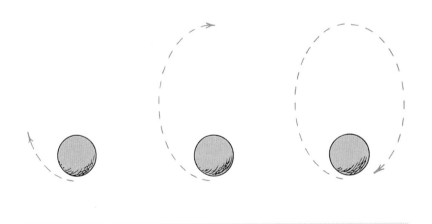

◀ 圖 14.9
橢圓軌道。（左）當衛星速率超過 8 公里／秒時，它會飛出圓形軌道，反抗重力、遠離地球。（中）當它運行到離地球最遠的位置時，便會折返地球。（右）衛星遠離地球時失去的速率，會在它返回地球的途中再次獲得，而這樣的過程會一再重複下去。

14.4　能量守恆與衛星運動

　　回憶一下我們在《觀念物理》第 I 冊第 8 章裡學過的，運動中的物體都有動能（KE），而地表上方的物體，因為它所處的位置，而有相應的位能（PE）。因此，在軌道上運行的衛星，不論在軌道上的什麼位置，都會有一個動能與位能，且動能與位能的和，是一個恆

定的值。

　　對圓形軌道上的衛星來說，行星中心與衛星中心的距離，是個恆定的值，也就是說，衛星在軌道上任何位置的位能都是一樣的，

❓ Question

如圖所繪的衛星軌道，在 A 到 D 這四個位置中，衛星在何處的速率最大？在何處時的速率最小？

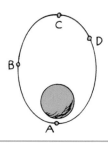

圖 14.10 ▶
作用在衛星上的重力，永遠指向軌道的中心。對於圓形軌道上的衛星，重力在它的運動方向上，沒有任何分量。因此，衛星的速率以及它的動能，都不會改變。

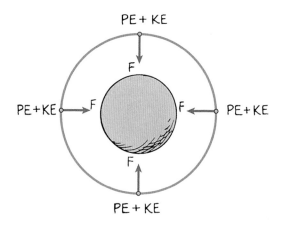

🅐 Answer

當衛星運行到 A 點時，速率最大；到 C 點時，速率最小。當它通過 C 點往 A 點運行以後，速率又會漸漸變大，且不斷重複以此橢圓軌道運行。

根據能量守恆定律，它的動能也會保持不變。因此，在圓形軌道上的衛星是以等速率運行。

在橢圓軌道上運行的衛星，情況則不同。它的速率大小，以及行星與衛星中心連線的距離都會改變。當衛星運行到最遠的位置時（如遠地點），它的位能最大；運行到最近的位置時（如近地點），位能最小。相對應地，當位能達到極大值時，動能是極小值；位能是極小值時，動能則是極大值。在軌道上的每一點，動能與位能的和，保持恆定。

在橢圓軌道上的每一點（除了近地點與遠地點之外），重力在衛星運行的方向上都有一個分量，這個分量會改變衛星繞行地球的速率。或者，我們可以這麼說，（重力分量）×（運行距離）＝動能的變化量。不管我們用哪一種方式來思考，當衛星的高度增加，且反抗這個分量在運行時，它的速率與動能都在減少。一旦衛星通過遠地點，它運行的方向才會與重力的分量相同，速率與動能都會增加。這個速率與動能增加的過程，會持續到衛星通過近日點時，然後，速率與動能又開始減小，並如此重複繞橢圓軌道運行。

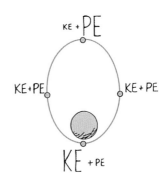

▲圖 14.11
橢圓軌道上的衛星不論運行到軌道上的任何位置，動能與位能的和恆定不變。

❓ Question

1. 衛星的軌道如右圖。在 A 到 D 中的哪一個位置，這個衛星會有最大的動能？最大的位能？以及最大的總能量？

2. 為什麼重力會改變橢圓軌道上的衛星速率，而不會改變圓形軌道上的衛星速率？

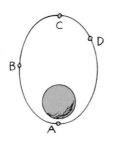

力的這一個分量對衛星做功

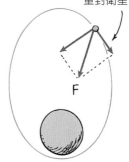

▲圖 14.12
在橢圓軌道上，會有力的分量存在於衛星運行的方向上。這個分量改變了衛星的速率及動能。（垂直分量只會改變衛星的運行方向。）

Answer

1. A點的動能最大，C點的位能最大。不論在軌道上的任何位置，總能量的值都是一樣的。

2. 在軌道上的任何位置，衛星的運行方向永遠是在切線方向上。如果在切線方向上有任何力的分量，就會有個相應的加速度，會使衛星的切線速率改變。在圓形軌道上，重力的方向永遠與衛星的運行方向垂直，就好像圓周上的每一部分都與半徑垂直一樣。因此，在圓形軌道的切線方向上沒有重力的分量，重力只會造成運行方向的改變，而不是切線速率的改變。從功—能的觀點來看，只有平行於運動方向的力，才可以改變動能，而這只會發生在橢圓軌道上。

14.5　脫離速率

　　當我們想利用火箭把酬載（payload，太空船或火箭所攜帶的部分，不包括它們飛行操作的必需品）送上繞地軌道時，火箭發射時的速率與方向非常重要。例如，我們垂直把火箭發射升空，且它很快就達到8公里／秒的速率的話，你猜會發生什麼事？大家最好趕快逃離那個發射點，因為這個火箭很快就會以8公里／秒的速率在原處墜毀。要把衛星送上軌道，必須先把它送到沒有空氣阻力的高空，然後以8公里／秒水平射出酬載。垂直發射火箭，就好像一句成語所說的「物極必反」，將變成生命中的悲慟。

　　然而，有沒有某一個垂直速率，能保證使往上飛行的物體「逃脫」，不再掉回地面？答案是肯定的。若忽略空氣阻力，只要物體發

射速率大於11.2公里／秒，它就可以脫離地球，儘管它會愈飛愈慢，卻永遠不會停下來。讓我們從能量的觀點來仔細想想這個問題。

如果抵抗地球的重力，把一個酬載移到非常非常遠（無限遠）的地方，我們需要對它做多少的功呢？我們也許會認為，在無限遠處的位能是無限大的，因為它與地球距離無限遠。但別忘了，重力大小是隨著距離的平方成反比的，所以重力會減弱得相當快，只有在地表附近，重力才比較強。譬如說，發射火箭時對火箭所做的功，絕大部分都要花在地表附近，使得在距離地球無限遠的質量1公斤物體，它的位能值是6200萬焦耳（62 MJ）。因此，要把一個酬載發射到離地球無限遠的地方，每公斤物體所需的能量最少是6200萬焦耳。

我們不在這裡討論整個計算過程，只要告訴你每單位質量6200萬焦耳的動能所對應的物體速率，約是11.2公里／秒，這就是地球表面的脫離速率。有趣的是，這個數也可以稱為「最大落速」。任何物體，不論它當初是如何遠離地球的，在你鬆手並讓它朝地球掉落後，假設它只有受到地球重力的作用，它的速率絕對不會超過11.2公里／秒。若把空氣阻力考慮進去的話，物體的落速還會更小。〔在比較高階的物理課程中，你將會學到如何計算某個行星或任何物體的脫離速率 $v = \sqrt{2GM/d}$，其中G是萬有引力常數，M是產生引力的行星質量，d是從它的中心算起的距離（若是在行星的表面，d就是該行星的半徑）。〕

如果我們在地表提供一酬載每公斤超過6200萬焦耳的能量，或者是讓它有大於11.2公里／秒的速率，那麼在忽略空氣阻力的情況下，這個物體便可以脫離地球，永遠不會再回來。在它遠離地球的

▲圖14.13
火箭最初的推力讓它垂直升空，當到達足夠的高度後，另一股推力會讓火箭偏離原垂直路徑。等火箭開始往水平方向運動之後，便會被加速，以達到軌道速率。

飛行過程中，位能會持續增加，動能則持續減小，也就是速率會愈來愈小，但絕對不會變成零。這個酬載最後會逃出地球重力的影響範圍，就這麼一走了之。

我們在表14.1裡，列出了太陽系中各個星體的脫離速率。值得注意的是，要從太陽表面脫離太陽的束縛，脫離速率是620公里／秒；即使你想從地球的軌道脫離太陽的束縛，至少也需要42.2公里／秒的速率才行。表裡面所列出來的脫離速率，其實沒有把其他行星所作用的力計算進來。譬如說，我們從地表以11.12公里／秒發射

星體	質量（以地球質量為1）	半徑（以地球半徑為1）	脫離速率（km/s）
太陽	333000	109	620
太陽（在地球的軌道上）	23	500	42.2
木星	318	11	60.2
土星	95.2	9.2	36.0
海王星	17.3	3.47	24.9
天王星	14.5	3.7	22.3
地球	1.00	1.00	11.2
金星	0.82	0.95	10.4
火星	0.11	0.53	5.0
水星	0.055	0.38	4.3
月球	0.0123	0.27	2.4

表14.1　太陽系內各星體表面的脫離速率

◀圖14.14
1972年，從地球上發射的先鋒10號探測船，在1984年脫離了太陽系，目前正在星際空間裡漫遊。

一拋體，儘管它可以脫離地球，但並不表示它就能脫離月球，當然更別說是脫離太陽了。所以，這個拋體不會一直遠離地球，事實上，它會開始在另一個新的軌道上繞著太陽運行。

　　第一艘脫離太陽系的太空探測船──先鋒10號（Pioneer 10），於1972年以15公里／秒的速率從地球發射升空。先鋒10號在進入木星軌道時，完成了脫離地球的任務。木星極大的重力場讓先鋒10號猛然晃動，並獲得了更大的速率。這樣的加速情形，就像一顆原本已有速率的棒球，在碰到迎面揮過來的球棒之後，會帶著更大的速率離開一樣。從木星重力所獲得的速率，已經大到可以讓先鋒10號在木星軌道的位置上脫離太陽。1984年，先鋒10號通過了冥王星的軌道。除非跟其他星體相撞，先鋒10號會永不止息地在星際空間漫遊。就像內裝紙條、漂浮在海上的酒瓶一樣，先鋒10號所攜帶的地

科技與社會

通訊衛星

　　將電視節目或電話交談內容播送到太空的電磁波訊號，是以直線方式傳播的。在以前，這些直線通訊（常稱做視線通訊），需要高聳的天線接收塔，和在高建築物或高山上的訊號中繼站。而今日，許多電視或電話訊號則是透過衛星轉播給我們。這些通訊衛星以 24 小時的週期，在赤道上空繞著地球運轉。因為它們繞轉一周時，地球也剛好自轉一周，所以在我們看起來，這些衛星就好像是靜止在空中一樣。

　　世界各地的碟形天線，紛紛將視線對準一個或多個通訊衛星。因為通訊衛星全都位在赤道上空，所以設於赤道上的碟形天線，就只會向東方或向西方傾斜，而不會向南方傾斜。在衛星正下方的天線，則會筆直地朝向天空，如果它積水的話，看起來就像公園中供鳥戲水的小水盆一樣，水會滿滿地積到天線碟的邊緣。赤道以北的天線，會向南方傾斜（當然也可能又向東西傾斜）；赤道以南的天線，則會向北方傾斜，也可能又向東西傾斜。除非你住在赤道上，否則你所看到天線都有點兒像是傾斜的空碗。在南極或是靠近北極的碟形天線，傾斜程度就像根本無法盛水的碟子那樣。

球訊息，可能會引起外星人的興趣，我們多希望它能早日被沖上遙遠的「海岸」。

　　有一點需要強調一下，對於不同星體而言，探測船的脫離速率，和我們給予它的短暫推力有關，在這股推力之後，就不再有其他的力來幫助它運動。但是，我們仍然可以在一個大於零的持續速率下，脫離地球，只要時間夠長。譬如，一枚火箭朝著目的地月球

飛去，若它的引擎燃料還離地球不遠時就用完了，那麼它所需要的最小脫離速率是 11.2 公里／秒。然而，引擎的運作如果可以持續夠久的話，火箭同樣也可能飛抵月球，且它的速率甚至不需要超過 11.2 公里／秒。

　　另一個讓我們感興趣的是，無人駕駛的火箭是如何能精確地飛抵目的地，它既不是停留在預先規劃好的路線上，也不是在它有所偏離時設法回到路線上。事實上，我們從來沒有企圖讓火箭回到預定的路線，相反地，經由與控制中心的無線電通訊，火箭會發出這樣的問題：「我現在在哪裡？我要往哪裡去？以我目前所在的位置，什麼才是從這裡到那裡的最佳路線？」藉由高速電腦的幫忙，火箭可以用這些問題的答案找到一條新的路線，而修正方向的推進器則讓火箭得以進入新的路線上。這個過程會持續不斷地進行，直到火箭抵達目的地為止。

　　你有沒有從這裡得到些什麼啟示呢？假設你忽然發現你有點兒「偏離軌道」了，你或許可以跟火箭一樣，找到一條引導你走向目標的新路線，而不要試著走回原先依過去的環境及情勢所規劃的路線，因為一條依你目前的環境及情勢所測繪的路線，才能得到最豐富的成果。

觀念摘要

地球的衛星是一種水平切線速率夠快的拋體，因此它會繞著地球往下落，而不會真的落到地球上。

◆ 在圓形軌道上運行的衛星，它的速率不會因地球重力而改變。

◆ 在橢圓軌道上運行的衛星，它的速率在遠離地球時，會漸漸減小；在接近地球的時候，則會漸漸增大。

◆ 不論軌道的形狀為何，衛星在軌道上任何位置的動能與位能之和，永遠保持恆定。

◆ 在地表附近，假如我們以超過 11.2 公里／秒的初速發射一物體，或者讓某物體具有每公斤 6200 萬焦耳（62 MJ）的動能，那麼它將可以脫離地球的重力束縛（忽略空氣阻力時）。

重要名詞解釋

遠地點　apogee　衛星的橢圓軌道上距地心最遠的位置。（14.4）

橢圓　ellipse　一種蛋形曲線，它是一個點運動的軌跡，此點與兩個定點（焦點）間距離的和恆定不變（見圖 14.7）。（14.3）

脫離速率　escape speed　一個物體永遠脫離原來控制它的重力場所需的最小速率。（14.5）

焦點　focus　對一個橢圓來說，圓周上的一點與橢圓內的兩個定點距離之和為常數，而這兩點就是焦點。衛星在橢圓軌道上繞著地球

運行，則此橢圓的焦點之一就是地球。（14.3）

近地點　perigee　衛星的橢圓軌道上距離地心最近的位置。（14.4）

週期　period　繞行軌道一周所需的時間。（14.2）

借題複習

1. 假如我們讓一個球從靜止開始自由落下，則第一秒內它垂直下落的距離為多少？假如我們讓手先沿水平方向運動，同時再讓球自由落下的話，它在第一秒內垂直下落的距離又是多少？（14.1）

2. 「8000公尺」與「5公尺」這組距離，與地表的切線有什麼關聯？（14.1）

3. 圓形軌道上的衛星運動方向與地表弧度有什麼關係？（14.2）

4. 為什麼地球的重力，不會改變圓形軌道上的衛星速率？（14.2）

5. 當人造衛星與地球間的距離增加時，它的週期會跟著變長還是減短？（14.2）

6. 請描述橢圓的形狀與特徵。（14.3）

7. 為什麼重力會改變橢圓軌道上的衛星速率？（14.4）

8. (a)衛星在橢圓軌道上的何處速率最大？

   (b)何處速率最小？（14.4）

9. 圓形軌道上的衛星，它的動能與位能之和是一個恆定的值。那麼橢圓軌道上的衛星，它的機械能（動能加位能）也是恆定的嗎？（14.4）

10. 為什麼重力不對圓形軌道上的衛星做功，卻對橢圓軌道上的衛星做功？（14.4）

11. 以8公里／秒的速率垂直發射一枚火箭，會發生什麼事兒？若是

以12公里／秒的速率呢？請忽略空氣阻力。（14.5）

12. (a)如果從太陽表面發射一個粒子，請問它需要多快的速率才能離開太陽系？

(b)如果發射地點改成在地球的繞日軌道上，那麼所需要的速率又是多少？（14.5）

13. 請問月球表面的脫離速率是多少？（14.5）

14. 我們已知地表的脫離速率是11.2公里／秒，請問火箭是否可能在燃料充足的條件下，以其他的速率脫離地球？爲什麼可能，或爲什麼不可能？（14.5）

想清楚，說明白

1. 衛星可以在月球上方5公里的軌道上運行，但卻不能在地球上方5公里處運行，爲什麼？

2. 衛星繞地球運轉的速率，是否與衛星的質量、它與地球間的距離，或是地球的質量有關？

3. 假設從高山上發射一顆砲彈，在它以拋物線下落的整個過程中，重力會改變它的速率。但如果發射的速率夠快的話，這顆炮彈會以圓形軌道繞著地球運行，此時，重力卻完全不會改變它的速率，爲什麼？

4. 橢圓軌道上的衛星繞行整個軌道期間，重力是否有對它做任何淨功？請解釋你的答案。

5. 如果你攔住一個在地球軌道上運行的衛星，它便會直直朝著地球掉下去。可是爲什麼「停留」在空中同一點的通訊衛星（同步衛星），卻不會掉到地球上呢？

6. 你認為一個接近月球表面的衛星，它的速率應該是大於、等於或小於8公里／秒？為什麼？

7. 為什麼你認為靠近赤道附近的太空站，比較適合用來發射人造衛星？（提示：試著從南極或北極來看自轉中的地球，然後跟一個旋轉的轉盤做比較。）

8. 為什麼你認為把太空梭送上軌道需要朝東方（地球自轉的方向）發射呢？

9. 假如繞行地球軌道的太空梭內的太空人，想要把一個東西丟回地球上，請問他該怎麼做？

10. 為什麼我們對火箭升空所做的功，都花在它離地表還很近的時候？

11. 假設在離地球相當遠的地方有一個靜止物體，由於只受到地球重力的作用，由靜止向地球掉落，請問它撞上地球的最大可能速率是多少？

12. 假設不知怎麼的，冥王星忽然在軌道上停了下來，則它將會朝向太陽墜落，而不再繞著太陽公轉，請問當它撞上太陽時，速率大約是多少？

13. 假設地球意外獲得一些額外的質量（半徑不變），那麼地表的脫離速率會小於、等於還是大於11.2公里／秒？為什麼？

14. 本題複習了幾個力學的基本觀念。如下頁的圖所示，衛星在橢圓軌道上運行。在圖中A到D的四個位置中，衛星在何處會有最大的（a）重力（b）速率（c）速度（d）動量（e）動能（f）重力位能（g）總能量（h）加速度（i）角動量？

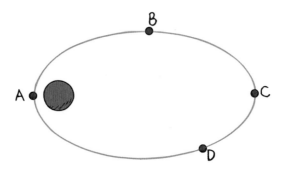

實戰演練

1. 試以公尺／秒為單位，計算地球繞太陽公轉的速率。注意：軌道形狀近乎圓形。

2. 試以公尺／秒為單位，計算月球繞地球公轉的速率。注意：軌道形狀近乎圓形。

3. 對於一個質量為 M 的星體而言，距離它中心 d 處的物體脫離速率為：

$$V_{脫離} = \sqrt{\frac{2GM}{d}}$$

試計算在月球表面的脫離速率（月球半徑 1.74×10^6 公尺；月球質量 7.35×10^{22} 公斤）。請與表 14.1 中的數據做比較。

第 15 章

狹義相對論
── 空間與時間

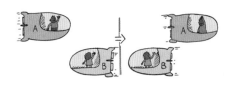

每個人都知道，我們以一天24小時的「速率」在時間裡移動。此外，我們也知道，我們可以用不同的速率在空間中移動，這個速率可以慢如蝸牛，也可以快如超音速的飛機，甚至是太空梭。但是，只有少數的人知道，在空間的運動，其實與在時間中的運動，關係非常密切。

　　第一位了解到時間與空間有關聯性的人是愛因斯坦。他在 1905 年的時候，發表了「狹義相對論」，遠超出我們常識的理解範圍。論文指出，我們在空間的運動，會影響到我們進入未來的「速率」，也就是說會改變時間本身。這個理論，描述了在空間中的等速運動，

如何影響到時間的變化，以及質量與能量的關係。十年後，愛因斯坦發表了另一個近似的理論，名為「廣義相對論」，主要討論加速度運動的情形。這兩個理論，大大改變了科學家理解這個宇宙的方式。本書只討論狹義相對論的主要內容，而把廣義相對論保留給進一步更深的物理課程。

本章只幫助你了解狹義相對論的基本觀念，也就是時間與空間是彼此密切關聯的。在第 16 章裡，我們會進一步討論質量與能量的關係。這些想法中的絕大部分，都不在你的日常生活裡。所以，這些想法常會與你的常識互相矛盾。如果你有時候無法理解某些觀念，請耐心看待這件事。也許等到你的小孩或是孫子在學這一段物理的時候，這些想法已經是他們日常生活的一部分了。如果真是這樣，那麼他們在了解相對論的時候，會覺得比較容易一些。

15.1　時空

牛頓以及其他愛因斯坦以前的科學家，都認為空間是一種無限的延伸，而且所有的物體都存在於此空間中。我們身處於空間之中，也在空間中移動。我們從來都沒有搞清楚過，到底宇宙是存在在空間裡，或是空間存在於宇宙中。宇宙的外面，還有沒有其他的空間？或是，空間只存在於宇宙之內？

一樣的問題，也可以用在時間上。宇宙是存在於時間之內，抑或是時間只存在我們身處的這個宇宙中？在宇宙存在之前，是否已有時間存在？在宇宙消失之後，時間還會繼續存在，還是也跟著消失？

圖15.1 ▶
宇宙並不是位在一個無限空間的
某處，也不是存在於時間中的某
個階段。相反地，時間與空間是
存在於宇宙之內。

　　愛因斯坦對這些問題的答案是：時間與空間，都只存在於目前
這個宇宙中。在這個宇宙「之外」，沒有任何的時間或空間這種物理
量。

　　愛因斯坦推論出，所謂的時間與空間，是一種稱為「時空」的
物理量的兩個部分。為了要了解這個觀念，從你現有的知識開始：
你在時間中進行的「速率」是每天24小時。但這只是事實真相的一
半而已。想知道事實真相的另一半，要先把「在時間中運動」的想
法，轉變成「在時空中運動」。從狹義相對論的觀點來想事情，你是
在一個空間與時間的組合體中運動，你是在「時空」中做的運動。
當你站著不動的時候，你所有的運動，都只發生在時間這個部分
上。然而，當你做一點小小移動的時候，你運動中的某一部分，會
通過空間這個部分，大部分的運動，還是會通過時間這個部分。

　　可是，若你能以光速在空間中運動時，你在時間方面的運動會發生什麼改變？答案是，你所有的運動都只發生在空間中，而沒有發生在時間上！你將會跟光一樣，是長生不老的；因為光線只在空間中（不在時間中）運動，所以是無始無終、超越時間的。從光子的參考坐標來看，從宇宙中的某處運動到另外一處，整個過程完全不需要任何的時間！

　　在空間的運動，會影響到在時間中的運動。無論何時，當我們在空間有些運動的時候，在某種程度上，我們已經改變了我們走向未來的速率，這就是所謂的「時間膨脹」。在日常生活的速率下，時間被拉長的程度只有非常小的一點點，但是在速率接近光速的運動中，時間被拉長的量，就變得非常明顯了。假如未來的太空船可以達到足夠的速率，人們將可以很明顯地在時間中進行旅行。那時的人，將可以到幾世紀之後的未來去旅行，就好像今天的人可以從地球到月球上去旅行一樣。

　　想要了解「時間膨脹」以及這個現象的緣由，你必須先理解幾個觀念：運動的相對性，以及狹義相對論的基本假設。

▲圖15.2
當你站著靜止不動的時候，其實你正以時間上的極速：一天24小時在運動著。假如你以空間上的極速（光速）來運動的話，那麼時間對你而言，將是靜止的。

15.2　運動是相對的

　　回憶一下我們在《觀念物理》第 I 冊第 2 章中說過的，每當我們討論到運動時，都必須說明，我們是從哪一個位置來觀測與測量這個運動的。舉例來說，在行駛中的公共汽車上，你可能只以相對於座椅每小時 1 公里的速率，在走道上行走，然而，相對於汽車外面的馬路而言，卻是每小時 100 公里的速率。速率是一個相對的物理量。

▲圖15.3
以建築物為參考坐標，圖中這個
購物袋正以相當的速率掉落；然
而，若是以自由落下的電梯為參
考坐標，這個袋子卻是一點速率
也沒有。

它的值與我們觀測的地點有關，也就是與坐標有密切的關係。對不同的坐標而言，一個物體會有不同的相對速率。

假設你有一個投手朋友，每次投出棒球的球速都是每小時60公里。如果忽略空氣阻力以及其他較小的作用力，當你接到他的球的時候，球速還會是每小時60公里。現在，我們假設你的朋友站在一輛小貨車的載貨平板上，車速是每小時40公里朝著你開過來，然後他也對著你投球。當你接到球的時候，球速會是多少？希望你記得戴上捕手手套，因為這時的球速將會是每小時100公里（每小時60公里是相對於小貨車，還要再加上相對於地面的每小時40公里）。速率（或速度）是相對的。

假如小貨車是以每小時40公里的速率在遠離你，而你的朋友還是以相同的方式對你投球。這回，你就不需要戴著手套了，因為這次到你手上的球速，只有每小時20公里而已（因為每小時60公里減去每小時40公里）。這一點兒也不叫人驚訝，因為我們都可以預期得到，當小貨車朝向你開的時候，你所接到球的球速會大一點；若是小貨車減速的話，你所接到的球速也會跟著減小。

關於速率是個「相對的」物理量的這個觀念，可以回溯到伽利

圖15.4▶
相對於車上的座椅，你的速率只
有每小時1公里；然而，相對於
地面，你的速率卻是每小時100
公里。

小貨車靜止不動

小貨車朝你駛來

小貨車離你遠去

◀圖 15.5
圖中棒球的球速，相對於小貨車
的速率，永遠是每小時 60 公
里。(a)在你與小貨車都是靜止
的情況下，你接到的球速會是每
小時 60 公里。(b)當小貨車以每
小時 40 公里的速率朝你接近的
時候，到你手上的棒球球速會是
每小時 100 公里。(c)當小貨車以
同樣的速率遠離你的時候，你所
接到的棒球，球速只有每小時
20 公里。

略的時代，也就是早在愛因斯坦之前，人們便已經了解這個觀念
了。在本章中，你將學到的是，愛因斯坦把速率的相對性，擴大應
用到一些看來似乎是不具相對性（不會改變）的事物上。

15.3　光速是一個常數

　　現在，我們假設另一種狀況：有一輛移動中的小貨車，不管它
移動的速率或方向為何，你所接到的從那輛卡車上丟出來的棒球，
球速永遠都是每小時 60 公里。也就是說，假設這輛卡車正以每小時

50公里的速率朝著你接近，在卡車上的朋友，也以他一貫每小時60公里的速率，把球丟向你，而球飛到你手上的速率，就和卡車靜止時一樣。不只是如此，即使卡車正在遠離你，而且也不管它的速率是多少，你接到的球的球速，還是每小時60公里。這個狀況聽起來，似乎是不太可能，因為這和你的常識相矛盾。然而，如果你真的有機會經驗過這種事情，相信你會重新去思考或評價你對「真實」的看法。用溫和一點的話來說，你會覺得相當疑惑。

棒球當然不會照著剛剛說的方式運動。可是，光就會！在真空中測量光速，不論光源或接收器的速率為何，所有測量出來的光速大小，都是每秒30萬公里（光速的精確數值，是每秒299,792公里，在此我們把它化約成整數30萬公里）。通常我們注意不到這個現象，因為光速實在太快了。

人們是在十九世紀末期，發現真空中的光速是個定值的。西元1887年，美國物理學家邁克生（Albert A. Michelson, 1852-1931）與化學家毛立（Edward W. Morley, 1838-1923），測量出光線在不同方向上的傳播速度差。他們認為，地球在繞日軌道上的運動速率，會影響到光速。他們推測，當光與地球運動方向相同時，所測量出來的光速會大一些；若是光與地球運動的方向相反，則測量出來的光速會比較小。他們利用一種稱為「干涉計」的儀器來做實驗，結果卻發現不論在任何方向，測量出來的光速大小都是相同的。

不論光源是接近中或是遠離中，相對於觀測者而言，他所測量出來的光速大小，都是一樣的。再者，對同一光源而言，不論我們是朝向它接近，或是遠離它，我們所測量出來的光速也會是相同的結果。物理學家如何看待這個發現呢？他們覺得奇怪的程度，跟你明明知道棒球是以不同的方式丟出來，但是你接到球的速率卻沒什

▲圖15.6
不論在任何的參考坐標所測量出來的光速，都是相同的值。

麼不同，是一樣的感覺。測量光速的實驗，一做再做，結果總是相同的：沒有什麼因素可以改變光速。各種不同的解釋方式，一一被提出來討論，但總是沒有令人滿意的說法。此時，物理學的根基，搖搖欲墜，正受著極大的考驗。

愛因斯坦以「速率的定義」，重新審視光速的問題。速率是什麼呢？它是物體在「空間」中行經過的量，除以該運動所用去的「時間」。於是，愛因斯坦了解到，對時間與空間的古典觀念，是有些問題的。他得到的結論是，時間與空間只是某一個物理量的一部分而已；這個單一的物理量稱為「時空」。愛因斯坦推論，光速的恆定性統一了時間與空間。

愛因斯坦所發展出來的狹義相對論，可說是根基在兩個基本的假設或公設之上。

15.4 狹義相對論的第一假設

愛因斯坦推論出，在宇宙中，沒有一個絕對靜止的點可以用來測量所有的運動。相反地，所有的運動都是相對的，而且，用來描述運動的坐標，都是可以任意決定的。在星際間飛行的太空船，它的速率無法以相對於某個靜止的空間來表示，而只能以相對另一個物體的速率來表示。舉例來說，假設在太空中，太空船A以等速通過另一艘太空船B，那麼，太空人A與太空人B所能觀測到的，只有兩人之間的相對運動。單從這次觀測，兩人都無法判斷出到底誰是靜止的、誰在運動，或者是兩人都在運動中。

另一個我們熟悉的經驗是，坐在靜止的汽車內等待交通號誌變

圖15.7▶
在A太空船內的太空人認為自己是靜止的，而看著太空人B飛過自己。然而，B太空船內的太空人也認為自己是靜止，而認為太空船A飛過自己。究竟是誰在飛行？誰靜止？

▲圖15.8
在海上快速行駛的豪華客輪中，旅客依然可以打撞球，不必考慮客輪的速率。不論是等速行駛的客輪，或是靜止的客輪，它們都適用於相同的物理定律。

換的時候。如果你往窗外看去，看到的是隔壁車道的車子，正在往後退的話，你也許會驚訝地發現，其實你正在觀測的車子是靜止的，而你的車子正在向前移動中。如果你不能看向窗外的話，實在無法判斷你的車子是正在等速進行，或是靜止不動。

在高速飛行的噴射客機上，我們往上丟出一個銅板再接住它的動作，與我們在這架飛機是靜止的時候所做的動作沒有兩樣。空服員倒咖啡給你的動作，也跟飛機還停在跑道時一樣。假如我們有個單擺，它在飛機等速飛行時所擺動的方式，也會和飛機靜止時一模一樣。沒有任何的物理實驗，可以區別出不同的等速運動狀態。當然，我們可以往外面看，或是往太空中發送雷達訊號，而看出來地球其實正呼嘯著在太空中運行。可是，沒有任何一個在密閉包廂中的實驗，可以決定出該包廂的運動，究竟是在做等速運動，還是靜止不動。物理定律，在等速運動的包廂中與靜止不動的實驗室裡，是完全相同的。

這些例子說明了，建構狹義相對論的兩大基石之一，也就是愛因斯坦的狹義相對論第一基本假設：

在等速運動的坐標中，所有的自然律都是相同的。

　　任何測量出來的實驗數據，都可以設計來偵測系統是否正處於加速度運動中；但是，根據愛因斯坦的理論，沒有任何實驗可以偵測出系統是否處於等速運動中。

15.5　狹義相對論的第二假設

　　當愛因斯坦還在小的時候，曾經問過他的老師：「如果我們能夠跟光一起前進的話，那麼此時的光看起來會是什麼樣子？」古典物理對這個問題的解答是，在觀測者的眼中，光束是靜止不動的。愛因斯坦愈想這個問題，就愈覺得這是不可能的。他最後的結論是，如果有一個觀測者能夠以接近光速的速率運動時，觀測所得的光速，仍然是每秒30萬公里。

　　這個想法，正是愛因斯坦的狹義相對論第二基本假設：

<blockquote>
光速在真空中行進的速率，永遠會是個定值，
不論光源或觀測者是如何運動。
</blockquote>

　　對所有的參考坐標而言，光速永遠是個定值。舉例來說，如下頁的圖15.9中的太空船，以一半光速的速率，正由某個太空站出發。此時，太空站射出一道速率是每秒30萬公里的閃光（我們從此就把這個速率叫做c）。不論這艘太空船相對於太空站的速率為何，太空船內的觀測者所測量到的這道閃光，速率仍然還是c。如果太空船本身也發出一道閃光，太空站上的觀測者所測量到的光速，也一樣是c。這道閃光的速率，不論太空船是靜止或是回過頭來接近太空

圖 15.9 ▶
由太空船或是太空站所發出的閃光，不論是在太空船上或是在太空站上測量，結果都會是 c。任何人測量光速，結果都一定會是 c。

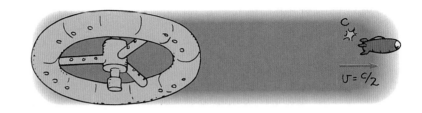

站，光速都不會改變。所有測量光速的觀測者，都會測量到相同的值：c。

　　光速的恆定性，就是統一時間與空間的因素。而且，對於任何在空間中運動的觀測者，總是有一個相對應的時間經過。但光的空間對時間的比率，不論誰來測量都是一樣的：光速是個常數！

15.6　時間膨脹

　　假設你在「家鄉」的一艘靜止太空船上，而那裡有一個大型的公共時鐘，假設那個時鐘的指針，剛好是指到「正午12點」。我們說時間是「正午12點」的意思，其實是說：光從時鐘上反射回來，而帶著「正午12點」的訊息，從你的視線方向，朝你接近。假如你忽然把頭轉開，沒有讓光線射到你的眼睛裡，那麼帶著這份訊息的光線，仍然還會繼續前進，我們假設它會直直地射到外太空。

　　假設某位在外太空中的觀測者，在稍後接到這道光時，說：「喔，現在是地球的正午12點。」然而，從你的觀點來說，事情卻不是那樣子的。你與遠方的觀測者，是在不同的時間看到「正午12點」這件事。現在，假設你的太空船飛行的速率與光一樣快（只是假

$$\frac{空間}{時間} = \frac{空間}{時間} = c$$

▲圖 15.10
所有對光測量出來的空間與時間，其比值都等於 c。

設），然後，你便能夠趕得上這個帶有時鐘是「正午12點」的訊息。也就是說，如果你以光速前進，然後，這個消息就會一直告訴你，你家鄉的時間是正午12點。所以，你家鄉的時間是被凍結住的！因此，如果你的太空船是靜止的，你會看到家鄉的時鐘，以每分鐘60秒的速率，往未來移動；可是如果你能夠以光速前進，你將會需要無限久的時間，才會看到時鐘走了一秒鐘。

這裡有兩個極端，在這兩個極端之間，存在著什麼可能？如果你移動的速率稍微比光速慢一些，你對時間的讀數為何？簡單思索一下，不難發現，當你的速率是在靜止與光速之間，那答案一定會落在每分鐘有60秒，與每段無限長時間有60秒之間。

在高速（但小於光速）移動中的坐標系，時鐘與所有事件的演變，看起來會好像是慢動作那樣，時間會被拉長。至於會被拉長多少，則取決於你的運動速率。這就是「時間膨脹」。

狹義相對論扭轉了我們對這個世界的一些概念。我們同意速率是相對的，也就是這取決於物體與觀測者各自的速率。然而，有一個速率卻是絕對的，那就是光速：一個獨立於光源以及觀測者之外的速率。在另一方面，一般我們認為，時間是個絕對的物理量。不論發生什麼事，時間總是以相同比率流逝著。然而，剛剛這個想像的太空船實驗，卻告訴我們，事實不是這樣的。愛因斯坦提出的想法是，時間是由觀測者與被觀測事件之間的運動狀態所決定。

我們是藉著時鐘來測量時間的。只要某個裝置，能夠測量出週期運動的時間間隔，就可以拿來當成時鐘，例如單擺的擺動、鐘錶內的平衡輪的振動，或是石英晶體的振盪等。我們現在要來假想一種不太實際的計時器，稱為「光鐘」，目的是用來幫助我們了解時間膨脹現象。

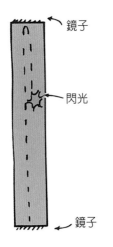

▲圖 15.11
靜止的「光鐘」。光線在兩面平行鏡子之間的來回，就等於時鐘的「滴答」聲。

想像一個兩端都裝有鏡子的管子（圖 15.11），如果在管中某處發一道閃光，則光線便可以在兩面平行的鏡子之間，來來回回地反射。由於我們裝設的鏡子是完美的反射體，所以，閃光會永不停止地在兩面鏡子之間來回穿梭。如果我們的管子長度是 30 萬公里，那麼光線從某一面鏡子到另一面鏡子的時間，剛好需要 1 秒鐘。如果管長是 3 公尺，則光走這麼一趟的的時間，需要 0.00001 秒（十萬分之一秒）。

假想我們站在地面上，看著高速的太空船，載著「光鐘」呼嘯地從我們面前經過（如圖 15.12）。我們所看到的光線路線，是以比原來直線來得長的「對角線」方式，在兩面鏡子之間來回反射。然而，別忘了狹義相對論的第二假設：不論觀測者是誰，所測量出來的光速都會等於 c。因為光速不會增加，所以，在兩次反射之間的時間，我們所量出來的時間，必須增加才行！對我們這些在太空船以外的觀測者而言，光鐘「滴答」一次所需的時間，比在太空船內的觀測者所測量的時間，要來得長一些。根據我們的觀測，太空船內

▲圖 15.12
(a)對於太空船內的觀測者而言，觀測到的光線，是垂直地在光鐘裡面來回。
(b)對地面的觀測者而言，看到光線是以類似「對角線」的方式，在兩面鏡子之間反射。

的時鐘，走得比我們的慢！雖然，對太空船內的觀測者而言，他們可是一點也不覺得如此。

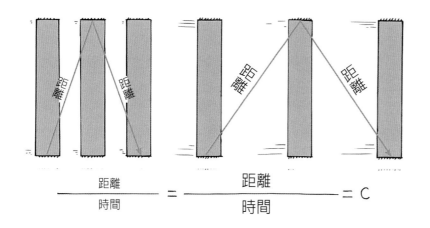

$$\frac{距離}{時間} = \frac{距離}{時間} = C$$

◀圖 15.13
當光線行走的對角線路徑愈長時，相對應當做分母的時間間隔，也就必須愈大，才能保持光速的不變性。

　　時間的減緩，並不是特別針對這個光鐘而已。而是，從我們這個相對較慢的坐標觀測另一個移動速率較大的坐標時，那個坐標上的時間有減緩的現象。在那個高速坐標上的人，即使連心跳的節奏都會減慢。所有發生在那高速移動的太空船內的事件，在我們看來都會變得比較慢。所以我們說，時間在那裡「膨脹」了。

　　在那艘太空船內的人，又是怎麼看待他們自己的時間呢？他們會覺得自己正在做「慢動作」嗎？他們會不會因為時間膨脹的關係，而變得比較長壽？結果是，他們根本一點也感覺不到時間膨脹的效應。時間對他們而言，就像是他們跟我們沒有相對運動時，是完全一樣的。回憶一下愛因斯坦的第一假設是怎麼說的：所有的自然律，在慣性（等速運動）坐標中，都是完全相同的。沒有任何辦法，可以讓太空船內的人知道自己是在做等速運動，還是靜止不

動。沒有任何的線索或跡象，可以讓他們知道太空船上所發生的事件，在別的觀測者眼中看起來會變得比較慢。

　　那麼，太空船中的人，又是怎麼看待我們的時間呢？他們看我們的時間，會變得比較快嗎？答案是不會的！因爲運動是相對的，所以從他們的坐標來看我們，我們反倒成了那個正在高速運動的人。他們看我們的時間，會跑得比較慢，感覺就和我們看他們的時間時，一模一樣。這樣說起來，會不會有點矛盾呢？其實一點也不！在不同參考坐標的觀測者，在物理上不可能採用一個相同的時空範圍。在某參考坐標所測量出來的結果，不需要與另一個坐標的結果相同。唯一測量結果必須相同的，只有光速而已。

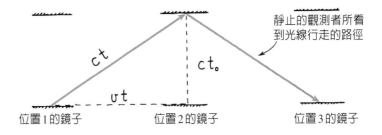

圖 15.14 ▶
圖 15.13 中的數學表示方式。

時間膨脹方程式

　　在圖 15.14 中，表示了「光鐘」在往右方以定速 v 移動時，所處的三個連續位置。對角線所表示的路徑，就是閃光從位置 1 下方的鏡子出發，移動到位置 2 上方的鏡子，再回到位置 3 下方的鏡子處。

　　符號 t_0 表示是在相對於光鐘靜止的坐標上，測量閃光在兩道鏡子之間反射所需的時間。這是閃光在垂直方向上，來回一次所需要的時間。因為光速一直都會等於 c，所以，在光鐘的坐標中，閃光來回一趟的垂直距離等於 ct_0；但光鐘本身有著水平方向上的運動，而 ct_0 這個距離是閃光在垂直於水平運動的方向上所走的距離。由於與運動方向成直角的緣故，這個垂直距離在兩個坐標之間，是沒有不同的。

　　符號 t 表示的，是在看到光鐘有朝右方運動（定速 v）的坐標上，閃光從某一面鏡子反射到另一面鏡子所需要的時間。由於閃光的速率是 c，從位置 1 到位置 2 所需的時間是 t，所以圖中這條對角線的長度等於 ct。在 t 這段時間裡面，光鐘（以速率 v 向右運動）從位置 1 到位置 2，移動的水平距離為 vt。

　　這三個距離，剛好組成了圖中的那個直角三角形；其中 ct 是斜邊，ct_0 與 vt 是兩股。從畢氏定理我們知道，直角三角形的斜邊長平方等於兩股的平方和。如果我們把這個定理，應用到這個圖上，可以得到：

$$(ct)^2 = (ct_0)^2 + (vt)^2$$

$$(ct)^2 - (vt)^2 = (ct_0)^2$$

$$t^2[1 - (v^2/c^2)] = t_0^2$$

$$t^2 = \frac{t_o^2}{1-(v^2/c^2)}$$

$$t = \frac{t_o}{\sqrt{1-(v^2/c^2)}}$$

　　在這裡列出這些推導過程，並沒有預期你會完全了解它！只是想讓你知道，所有在這裡推導時間膨脹方程式，所需要用到的數學，只有一點點的幾何與基本代數。（如果你選修更高深的物理課程，你便會在那些課程裡，完全了解這些數學。）

Question

1. 「時間膨脹」的意思是，在運動的系統中，時間是真的走得比較慢，還是只是看起來比較慢而已？

2. 假如你正搭乘一艘相對於地球高速飛行中的太空船，你會不會感受到自己脈搏跳動上的變化？地球上的人們的脈搏跳動，在你看來，會有什麼改變？

3. 假如觀測者 A 以光速的一半，相對於觀測者 B 運動，他們對時間所測量出來的結果，會不會一致？如果 A 和 B 一起以 0.5 c 相對於地球運動，測量出來的時間會不會相同呢？

Ⓐ Answer

1. 時間減緩的現象，不僅僅只是個因運動而產生的幻覺。當與一個相對靜止的坐標系作比較時，運動中的系統內的時間，的確是會走得慢一些。我們會在下一節裡看到這個現象。繼續努力讀下去吧！

2. 你與你的脈搏之間，應該不會有什麼相對速率存在，所以，你不會感覺到任何的相對論效應。然而，在你與地球的人們之間，便會存在有相對論效應。你會發現他們的脈搏跳動比較慢一些（而他們也會發現你的脈搏跳得比較慢）。相對論效應總會被認為是「別人」的事。

3. 當 A 與 B 有不同的相對運動時，雙方都會認為對方的時間走得比自己的慢。所以，測量出來的時間結果，並不會一致。可是，如果他們是一起運動的話，他們使用的是相同的坐標系，因此，測量出來的時間結果就會一致了。他們感覺彼此的時間與正常無異，但是，對地球上正在發生的事件，他們會一起覺得那像是慢動作一樣。

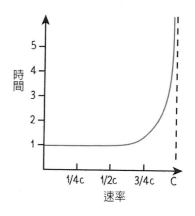

▲ 圖 15.15
此圖顯示靜止時鐘上的1秒鐘，對高速運動中的時鐘而言，因時間膨脹效應而延長的程度。注意，這種時間的延長，只有在運動速度非常接近光速的時候，才會顯現出來。

15.7 雙胞胎旅行

關於時間膨脹現象的說明，最好是用同卵雙胞胎的故事為例：雙胞胎的其中之一是個太空人，他搭乘高速的太空船離開地球，一趟星際旅行之後，又回到地球上；而另一位雙胞胎則一直留在地球上。當這位外出旅行的雙胞胎回到地球上時，他會變得比留在地球上的這位兄弟（或姊妹）還來得年輕。他會變得多年輕，與他外出

圖 15.16 ▶
光速旅行的雙胞胎，不會像留在
地球的這位兄弟，老得這麼快。

旅行的速率有關。假設這位雙胞胎旅行的速率，一直都保持在光速
的一半，則他外出旅行一年（太空船上的時間）以後，地球上其實
已經經過了 1.15 年。如果他旅行的速率是光速的 87%，則他覺得自
己外出旅行一年的時間，地球上則是已經經過了兩年。如果他的速
率是光速的 99.5%，那麼他在太空船裡的一年，就會等於地球上的
十年。如果他真的以這個速率來旅行，則回到地球上以後，他會比
另一位雙胞胎年輕十歲。

　　問題來了，既然我們說運動是相對的，為什麼故事不是剛好倒
過來，也就是說，為什麼不是外出旅行回來的雙胞胎，發現留在地
球上的兄弟比他年輕十歲呢？我們會分別從地球上以及太空船上兩
個坐標系來考慮，事實的確是留在地球上的雙胞胎會比較老。

　　首先，考慮相對於遙遠的某個行星，太空船靜止地停著。此

時，太空船對著該行星，規律地發送出閃光（如圖 15.17）。在閃光得以抵達該行星之前，需要花費一點時間，就像太陽光要射到地球上大約需要 8 分鐘。閃光會以光速 c，抵達該行星上的接收器。由於在發射器與接收器之間並沒有相對運動，接收器所接收到的連續性閃光，會與發射器所發出來的閃光，有著相同的頻率。例如，假設太空船上每 6 分鐘發出一道閃光，除了一開始的時間延遲之外，以後接收器所接收到的閃光，也會是每 6 分鐘一次。由於沒有相對運動，這裡沒有什麼特殊的現象。

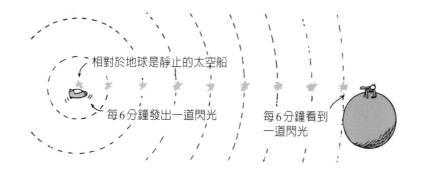

每6分鐘發出一道閃光

每6分鐘看到一道閃光

相對於地球是靜止的太空船

◀圖 15.17
在兩者之間沒有相對運動的時候，在地球上接到閃光的頻率，與太空船上發出閃光的頻率相同。

　　但是，一旦涉及有相對運動時，情況就會很不一樣了。很重要的一點是：不管太空船或接收器是否在移動，別忘了，閃光的傳播速率，仍然會一直保持在 c。然而，會受相對運動影響的，只有閃光被觀測到時的頻率。當太空船朝著接收器接近時，接收器在一定的時間間隔內，會觀測到比較多個閃光，也就是說，頻率會高一些。導致這個現象的原因，除了時間會受到運動的改變之外，更重要的原因是，在太空船接近的過程中，每一道新發射出來的閃光，都會

比上一道閃光離接受器近一些。如果，在太空船上是以每6分鐘發出一道閃光，那麼觀測到閃光的時間間隔，會小於6分鐘。假設太空船的速率夠快，可以讓觀測到的閃光頻率加倍，那麼，觀測到閃光的時間間隔，就會變成只有3分鐘。注意在圖15.18中，射向該行星接收器的閃光，比起太空船另外一側的閃光訊號，要來得更接近些，而且也是間隔大小相等。

圖15.18 ▶
當發射器移近接收器的時候，接收器所看到的閃光頻率會增加。

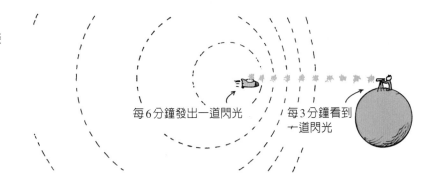

每6分鐘發出一道閃光　　每3分鐘看到一道閃光

如果，現在換成太空船以相同的速率遠離接收器，但還是以每6分鐘的時間間隔，發射出一道閃光。這些閃光在接收器這邊看來，頻率變成是原來的一半，也就是說要隔12分鐘，才會看到一道閃光（圖15.19）。最主要的原因是，每一道新發射出來的閃光，都比前一道閃光，離接收器來得遠。

　　太空船飛離接收器時所產生的效應，剛好與飛近接收器時相反。因此，當太空船在接近時，接受到的閃光頻率會加倍（以6分鐘為間隔發出的閃光，變成每隔3分鐘便會被觀測到一次）；太空船在遠離時，接收器所觀測到的閃光頻率會減半（以6分鐘為間隔發出的

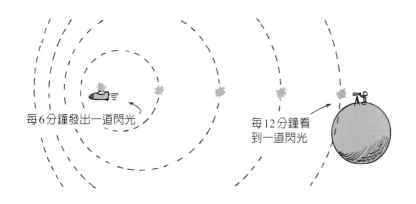

每6分鐘發出一道閃光

每12分鐘看到一道閃光

閃光，要每隔12分鐘才會被觀測到一次）。

這些閃光訊號組成了光鐘（或計時器）。一些在太空船上要花費6分鐘的事，譬如沖個澡或是煎個煎餅等，在接收器所在的參考坐標系看來，如果太空船正在遠離中，看起來則是費了12分鐘，如果太空船正在接近中，看起來則只需要3分鐘而已。

順帶一提：上述太空船在接近與遠離時，接收器所分別觀測到的頻率，二者之間互成倒數關係。也就是說，如果在接近的過程中，觀測到的頻率變成2倍的話，在遠離的過程中觀測到的閃光頻率，就是原來的1/2倍。如果在接近時，所觀測到的頻率是原來的3倍，則在遠離時，觀測到的頻率會是原來的1/3倍。在其他更快的速率下，情況依此類推。這個倒數關係，對於需要依賴介質才能傳播的波動，並不適用。以聲波為例，在聲源接近觀測者時可以讓聲波頻率變成2倍的速率，在聲源遠離時，觀測者所聽到的頻率，只有原來發射頻率的2/3而已。

? Question

1. 這是一道簡單的算術問題：假設有一艘太空船，每6分鐘發出一道閃光，在它飛行了一個小時之後，總共會發出幾道的閃光？

2. 太空船在等速接近接收器的過程中，也以相等的時間間隔發出閃光訊號。請問當這些閃光訊號被接收器接收時，也會是相同的時間間隔嗎？

3. 某艘太空船，以每隔6分鐘的時間間隔，發出閃光訊號，持續一個小時之久。假設接收器是以每隔3分鐘的間隔，接收到這些閃光，試問從第一道閃光到最後一道閃光之間，總共經歷了多久的時間（在接收器的坐標系裡）？

A Answer

1. 共十道閃光；因為（60分鐘）／（6分鐘／閃光）＝10道閃光。

2. 是的，只要太空船保持等速前進，閃光在被接收到的時候，仍會保持相同的時間間隔，只是頻率較高（時間間隔較短而已）。如果在發射訊號的過程中，太空船有加速度的話，那麼接收器所收到的訊號，就不會是相等的時間間隔了。

3. 接收完這所有的10道閃光，總共需要30分鐘；因為（10道光）×（3分鐘／閃光）＝30分鐘。

現在，我們把這個加倍與減半的閃光時間間隔，應用到這對雙胞胎身上。假設這位外出旅行的雙胞胎，以前面所提到的那個高速飛離地球，一個小時之後很快折返，以一個小時回到地球上。根據

太空船上的時鐘，這位外出旅行的雙胞胎，在這趟旅程上總共花了二小時。然而，從地球上看來，這趟旅行所花的時間，絕對不會是二個小時。從太空船上所發出的閃光訊號，可以幫助我們了解這個現象。

在太空船飛離地球的過程中，每6分鐘它便發出一道閃光。地球

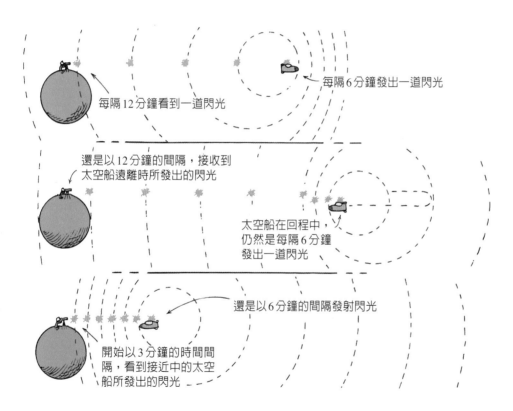

每隔6分鐘發出一道閃光

每隔12分鐘看到一道閃光

還是以12分鐘的間隔，接收到太空船遠離時所發出的閃光

太空船在回程中，仍然是每隔6分鐘發出一道閃光

還是以6分鐘的間隔發射閃光

開始以3分鐘的時間間隔，看到接近中的太空船所發出的閃光

▲圖15.20
在這兩小時的旅程中，太空船每隔6分鐘發出一道閃光訊號。在第一個小時裡，太空船是飛離地球的；在第二個小時中，太空船則飛回地球。

上則是以12分鐘的時間間隔，接收到這些閃光。在飛離地球的這一個小時裡，太空船總共發出了十道閃光。假設太空船是在正午十二時出發的，在發射出第十道閃光的時候，太空船上的時鐘，應該顯示的是下午一時。可是，當第十道閃光抵達地球時，地球上的時間是什麼時候呢？答案是下午二點。為什麼？因為這些閃光抵達地球的時間間隔是12分鐘，也就是說：（10道閃光）×（12分鐘／閃光）＝120分鐘（2小時）。

假設這艘太空船能以某種方式，在極短的時間內突然迴轉，並以相同的速率返回地球。在回程的一個小時裡，它還是以每6分鐘的間隔，另外又發出了十道閃光。在地球上，這些閃光會被以3分鐘的間隔所接收到，也就是說，總共需要30分鐘。如此一來，當太空船結束這二小時的旅程抵達地球的時候，地球上的時鐘所顯示的時間，是下午二時三十分。很明顯地，我們可以看得出來，留在地球上的這位雙胞胎，比起外出旅行的這位，多老了半個小時！

從另一個參考坐標來看，結果還是一樣的。讓我們考慮相同的

圖15.21 ▶
這趟旅程，在太空船的坐標裡總共花了2小時，但在地球的坐標中，則是花了2.5個小時。

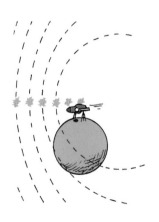

在地球的參考坐標上：
10道閃光 @ 12分鐘 = 120分鐘
10道閃光 @ 3分鐘 = 30分鐘
　　　　　　　　　　 150分鐘
　　　　　　　　　　（2.5小時）

在太空船的參考坐標上：
20道閃光 @ 6分鐘 = 120分鐘
　　　　　　　　　（2小時）

旅程，只是現在改成從地球上，每隔6分鐘發出閃光訊號。從遠離的
太空船上看來，接收器是以12分鐘的時間間隔（圖15.22 A）接收到
這些閃光訊號的。意思是，在太空船飛離地球的這一小時時間，總
共收到5道閃光訊號。在太空船返回地球的途中，接收閃光訊號的時
間間隔是每3分鐘一次（圖15.22B），所以，會收到20道閃光訊號。

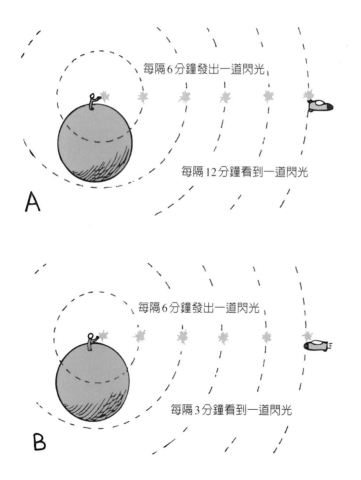

每隔6分鐘發出一道閃光

每隔12分鐘看到一道閃光

A

每隔6分鐘發出一道閃光

每隔3分鐘看到一道閃光

B

◀圖 15.22
從地球上每隔6分鐘發出的閃
光，在飛離地球的太空船上，是
以12分鐘的間隔出現一次，在
太空船飛回地球時，則是換成以
3分鐘為時間間隔。

圖15.23 ▶
在地球上是 2.5 個小時的時間間
隔，從太空船上的坐標看來，卻
只有經過 2 小時而已。

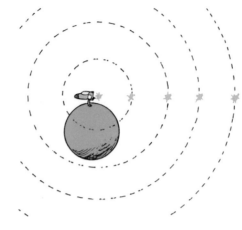

在地球的參考坐標上：
25 道閃光 @ 6 分鐘 = 150 分鐘
（2.5小時）

在太空船的參考坐標上：
5 道閃光 @ 12 分鐘 = 60 分鐘
20 道閃光 @ 3 分鐘 = 60 分鐘
120 分鐘
（2 小時）

　　因此，在這兩個小時的飛行時間裡，太空船總共會接收到25道
閃光。然而，根據地球上的時鐘，以6分鐘的時間間隔，發射這25
道閃光，總共需要（25 閃光）×（6 分鐘／閃光）= 150 分鐘（2.5
小時）。整個過程，我們以圖15.23來表示。

　　所以，結論是這兩位雙胞胎都同意，在這趟高速旅程之後，留
在地球上的人，年紀會變得比較大。當留在地球上的這位雙胞胎，
一直保持在同一個參考坐標系的時候，外出旅行的這位，則是經歷
了兩個不同的參考坐標系，而這兩個參考坐標系的分隔點，就是太
空船突然折返的那段短暫的加速過程。當太空船在經歷著這兩個不
同的時間範疇時，在地球上的這位雙胞胎，經歷的是另一個不同，
但是是唯一的一個時間範疇。這對雙胞胎，只有在以時間爲代價的
情況下，才能在同一個空間中再次相遇。

科技中的物理

相對論性時鐘

　　西元 1971 年的時候，科學家把一個原子鐘送上了一艘繞著地球飛行的噴射機。在噴射機著陸後，這個時鐘比起留在地球上的同型原子鐘要來得「年輕」幾十億分之一秒。現在，在速率更快的人造衛星上，也裝設有原子鐘，這些衛星是屬於全球定位系統（GPS, global positioning system）的一部分。在設計這個精密度可以達到公尺以內的定位系統時，科學家與工程師必須考慮到相對論性的時間膨脹效應。如果他們忽略了這個效應，GPS 便不可能做這麼精確的定位。所以，對科學家與工程師來說，尤其是那些設計全球導航系統的人，時間膨脹效應可以說是他們日常生活的一部分。

15.8　時間與空間的旅行

　　在狹義相對論問世之前，大家普遍認為，人類是不可能進行星際旅行的。以前的想法是，比起星際間的遙遠距離，人類的壽命實在太短。除了太陽之外，距離地球最近的一顆恆星是半人馬座 α 星，也遠在 4 光年以外（一光年是指光行走一年的距離，即 9.46×10^{12} 公里）。因此，即使是以光速飛行，來回一趟也需要 8 年的時間。地球距離我們的銀河中心約有三萬光年，很直覺的推論是，即使有人能以光速前進，要完成這趟到銀河中心的旅程，也必須能存

活三萬年才行！然而，事實上，這些推論都忽略了「時間膨脹」效應：對在地球上的人，與在高速飛行的太空船上的人來說，時間並不是一個相同的東西。

人們的心跳節奏，與他所在的時間範疇有關。不管處在哪一個時間範疇裡，對某個人來說，感覺上都一樣，只有對另一個參考坐標系的人來說，才會感到不同：因為她看得到差別。舉例來說，某位太空人以99%的光速，飛往距離11.4光年的小犬座α星，而且能以地球上23年的時間，又返回到地球上來。以光自己而言，需要22.8年，才能來回一趟。然而，由於時間膨脹效應，太空人將會覺得自己只離開了3年而已。所有在太空船上的時鐘，都會如此顯示，而且在生理上，太空人也只老了3歲而已。至於那些留在太空基地內，歡迎他們回到地球上的工作人員，則是已經老了23歲。

圖 15.24 ▶
以地球為參考坐標時，光線必需花費三萬年的時間，才能從我們的銀河中心傳播到太陽系來。若是以高速飛行的太空船為參考坐標，這趟旅程的時間會短一些。從光本身的參考坐標來看，則這趟旅程根本就不需要任何的時間。在以光速行進的參考坐標系，時間是個靜止不動的物理量。

　　在速率更高的情形下，結果所顯示的差異更大。當速率達到光速的99.99%時，旅行70光年的距離，只需要花費大約一年的時間而已。如果速率是光速的99.999%，那麼只需要一年的時間，人們便可以飛到200光年遠的地方。所以，以這種速率進行一趟為期5年的旅行，就距離上，會比光行走1000年的距離，還來得遠。

　　剛剛說的這些星際旅行，以今日的眼光看來，似乎是不太可能實現的。想要把一艘太空船推動到相對論性速率，所需要的能量，是把太空梭推到軌道上的數十億倍。要防範因這些高速運動所產生的輻射，似乎是個艱鉅的任務。到目前為止，與這些星際旅行相關的實務工作，都還是不可能實現的。

　　萬一這些現實上的問題被克服了，星際旅行成了家常便飯，人類便多了一種選擇：人們可以進行一趟旅行，然後選擇他們希望在未來的某個世紀時回來。例如，某人可以在西元2150年時，搭乘一艘高速的太空船，飛離地球，飛個五年之後，在2500年返回地球。他可以跟那時候的地球人，短暫生活一陣子之後，又外出飛行，然後在3000年再回到地球上來，看看當時的生活型態為何。人們可以以他們自己的時間為代價，而跳到「未來」的世界去，但是，他們卻無法回到「過去」。也就是說，他們絕對無法再次回到那個他們曾經告別的年代。

　　如我們所熟悉的，時間只朝單方向前進，也就是「前進」。在地球上的我們，很穩定地以一天24小時的速率，朝著未來前進。一個飛往宇宙深處的太空人，一定要有一個體認，就是當他回到地球的時候，在地球上所消逝的時間，一定會比他在旅行上所經歷的時間還來得多。所以，星際旅行者在告別時，將不會說：「待會見，我馬上回來。」相反地，每一次的告別都是「訣別」。

我們可以看得到過去，卻無法再次回到過去。當我們抬頭看著夜晚的星空，進入我們眼簾的那些星光，可能在幾年前、幾百年前，甚至是幾百萬年前就離開原本的星球了。我們所看到的星球，都是久遠以前的它們。也就是說，我們正目擊著遠古以前的歷史。我們也只能藉由著推測的方式，來想想，從那時起到現在的星球，可能已經經歷了哪些事。

　　當我們在考慮時間與宇宙的問題時，也許會懷疑，在宇宙開始之前，發生過什麼事。我們也懷疑，若是宇宙在時間上終止了，又會發生什麼事。然而，時間這個觀念，只有應用在現今這個宇宙中所發生的事件上，才顯得有意義。是時間存在於這個宇宙「裡」，而不是宇宙存在於時間「裡」。一旦沒有了現在的這個宇宙，也就不會有時間存在了；不管是在這個宇宙存在之前，或是消失之後。同樣地，空間也是存在於這個宇宙「裡」，而不是宇宙存在於空間「裡」的某處。在宇宙「以外」，沒有任何的空間存在。

　　我們所理解的是：「時空」是存在於宇宙之內的。仔細想想這句話的意義吧！

觀念一把抓

觀念摘要

根據愛因斯坦的狹義相對論，時間會受到空間中等速運動的影響。

◆ 相對於一個靜止的觀測者而言，運動中的參考坐標系的時間，走得比較慢些。

對所有等速運動的參考坐標系而言，所有的自然律，都是相同的。

◆ 沒有任何實驗可以區分出，觀測者是靜止著的還是正在做等速運動。

真空中的光速，對所有等速運動的參考坐標系而言，都是相同的。

◆ 不論光源或是觀測者的運動速率為何，在真空中所測量出來的光速，都是一個定值。

重要名詞解釋

狹義相對論　special theory of relativity　愛因斯坦於1905年創立的理論，解釋一個坐標系在空間中以等速運動，它的時間如何變化，以及如何建立質量與能量之間的關係。（15.0）

廣義相對論　general theory of relativity　愛因斯坦的狹義相對論的推廣，將重力解釋成彎曲時空中的幾何結構。（15.0）

時空　space-time　空間與時間的結合，在狹義相對論中被看成是一

個整體的兩部分。(15.1)

時間膨脹 time dilation 當一個參考坐標系以接近光速的速率在觀測者旁通過時，可以觀測到時間的延展，也就是時間緩慢下來。（15.1）

假設 postulate 一種基本性的假設。（15.3）

狹義相對論第一假設 first postulate of special relativity 於所有等速運動的參考坐標系當中，所有的自然律都相同。 （15.4）

狹義相對論第二假設 second postulate of special relativity 真空中的光速永遠不變，即使光源在運動中或是觀測者在運動中都一樣。（15.4）

借題複習

1. 「時空」是什麼意思？（15.1）

2. 你能否在空間中某處保持靜止，卻又進行著旅行？試解釋你的理由。（15.1）

3. 光在空間中是否有移動？在時間中移動嗎？或是同時在時間與空間中一起移動？（15.1）

4. 什麼是「時間膨脹」？（15.1）

5. 我們說「運動是相對的」這句話，是什麼意思？（15.2）

6. 從一輛移動中的卡車上拋出來的球，其速率與卡車移動的方向與速率有關。請問，從移動中的光源所發射出來的光，在光線被捕獲時的速率，是否也同樣與光源的速率和移動方向有關？試解釋你的理由。（15.3）

7. 我們說「光速是一個常數」這句話，是什麼意思？（15.3）

8. 狹義相對論的第一假設是什麼？（15.4）

9. 狹義相對論的第二假設是什麼？（15.5）

10. 對自由落體而言，它的速度增加量對時間的比值等於常數 g。同樣地，對光波而言，它行進的距離對時間的比值為何？（15.5）

11. 在高速飛行的太空船裡，所觀測到「光鐘」內的光線行進路線，只是一條垂直線。可是，從靜止的坐標上看來，卻不是這麼回事。為什麼？是因為從靜止坐標中看起來，光的傳播速率較快嗎？（15.6）

12. 假如我們剛好看到一艘太空船，從我們身邊飛過，而且也看到，太空船裡的時鐘走得比我們時鐘慢一些。此時，太空船內的人看到我們的時鐘，又是如何呢？（15.6）

13. 當閃光燈的光源朝著你接近時，對你而言，光的速率是否變快？閃光的頻率是否增加？或是光速與頻率都增加？（15.7）

14. (a)在「雙胞胎旅行」的故事中，留在地球上的這位，總共經歷過幾個參考坐標系？

    (b)外出旅行的這位，又經歷過幾個參考坐標系呢？（15.7）

15. 一個壽命只有70歲的人，所旅行的最大距離，可不可能大於光旅行70年的距離？試解釋你的理由。（15.8）

想清楚，說明白

1. 假設你正坐在一列平穩行駛，而且沒有窗戶的火車上，你能否感覺得出火車在靜止與等速行駛中的差別？又能否感覺出加速行駛中與靜止的差別呢？你可以用一碗水來分辨這些差別，請解釋為什麼。

2. 假想你在一列行駛中的火車上，和朋友玩接球的遊戲。當你朝著

火車前進的方向把球丟出去，對站在火車外面的靜止觀測者而言，所看的球速為何？（與同在火車上的觀測者相比，球速有否變得比較快？還是保持著相同的速率？）

3. 假想你在一列行駛中的火車上，開啟照明設備。當你把光線朝著火車前進的方向照過去的時候，對站在火車外面的靜止觀測者而言，所看的光速為何？（與同在火車上的觀測者相比，光速是否變得比較快？還是保持著相同的速率？）

4. 太空人可不可能用比低於光速的速率飛行，卻在 10 年之內，飛過光走了一萬年的距離？請解釋你的理由。

5. 你能否藉由接近光速的高速旅行，而讓自己變得年輕一些？

6. 請解釋為什麼在我們觀測宇宙的時候，看到的是過去的事。

7. 未來的某個時尚流行，可能是「世紀旅行」；也就是，人們搭乘著高速的太空船，飛離地球幾年，然後在幾個世紀以後，又回到地球上來。以現今的技術而言，這個美夢的障礙是什麼？

8. 假如你正在一艘高速的太空船上，以接近光速的速率飛離地球，此時，你測量自己的脈搏，所得到的結果，會比你正常的脈搏來得慢、一樣，還是快些？假設你可以透過太空船上的儀器，監測到你地球上友人的脈搏，結果會是如何？請解釋。

9. 有沒有可能，會有人在生理上，老過他的父母親？為什麼？

沙盤推演

1. 假如有一艘太空船，以光速的一半速率離你而去，然後，從那艘太空船上，朝著遠離你的方向，以相對於太空船自己一半的光速，發射出一枚火箭。從常識判斷，這枚火箭與你的相對速率，

應該等於光速。然而，事實上不然！相對論性的速度加法（我們未在本章中說明），是下面的這個關係式：

$$V = \frac{v_1 + v_2}{1 + \dfrac{v_1 v_2}{c^2}}$$

把0.5 c分別帶入上式的v_1與v_2，得出火箭與你的相對速率 V 是0.8 c。

2. 如果上題的那艘太空船，是以光速c相對於你飛行，然後，又以相對於自己是光速的速率，發射一架火箭。利用上題所給的公式，導出火箭相對於你的速率，仍然還是c！

3. 用一些數值比較小的v_1與v_2，帶入第一題的式子中，驗證一下，在日常生活中常見的一些速率，彼此之間的相對速率 V 等於v_1 + v_2。

實戰演練

1. 阿派與阿湯是一對雙胞胎。假設阿湯以0.8 c的速率，前往一個約4光年遠的恆星旅行。一抵達那個恆星之後，阿湯立刻以相同的速率折返地球，沒有任何耽擱。

   (a)當阿湯回到地球上時，阿派會比他老多少？

   (b)當阿湯回到地球上時，他自己老了多少？

   (c)為什麼結果不是阿湯比阿派來得年紀大呢？

2. 小王現年30歲，有個6歲的女兒。假設小王搭乘太空巴士，以0.99 c的速率離開地球，旅行了5年（太空巴士上的時間）。當他回到地球上的時候，他和他的女兒分別會是幾歲？

第 16 章

狹義相對論

── 長度、動量與能量

對所有的物質而言，光速是一個速率上的極限。假設有兩艘太空船，彼此都以接近光速的速率飛向對方。由於各自所在的時空範疇不同，他們觀測對方的速率，所得的結果，還是低於光速！例如，兩艘太空船都以80%的光速（相對於地球）飛行，某艘太空船上的人，觀測另一艘迎面而來的太空船，所得的速率是98%的光速。沒有任何的條件或狀況，可以讓任何物質的相對速率超過光速。

為什麼光速會是所有的物體的速率上限呢？要了解其中的道理，我們必須先了解，在空間中的運動，對運動中物體的長度、動量以及能量，有什麼影響。

16.1　長度收縮

　　對運動中的物體而言，空間也和時間一樣，會經歷著某種變化。對一個位在外面的觀測者而言，運動中的物體，在運動方向上的長度，似乎會變得較短（收縮）一些。長度收縮的量，與時間膨脹的量有關。對於日常生活中的速率，長度收縮的量根本就沒辦法測量出來。可是，對相對論性速度而言，長度收縮的量，是相當明顯的。舉例來說，當你觀測以87%光速從你面前呼嘯而過的太空船內一把1公尺長的尺時，你量測到的長度只有0.5公尺而已。如果太空船的速率達到99.5%的光速，原本1公尺的長的尺，只會剩下原有十分之一的長度。至於尺的寬度，也就是垂直於運動方向上的長度，則沒有任何變化（圖16.1）。當相對速率愈接近光速的時候，所測量出來的長度也就愈接近零。

▲圖16.1
當一把尺以87%光速從你面前呼嘯而過時，你所量測出來的長度，只有原來的一半而已。

　　在太空船上的人，是否會覺得那把尺或其他東西，也縮水了呢？答案是：否！太空船裡的人，在他們的參考坐標系裡看不到什麼不平常的長度變化。如果他們可以看到什麼特別的現象，那就違反了相對論的第一假設了。記得嗎？所有的物理定律，在等速移動的坐標系都是一樣的。除此之外，在太空船的這個坐標系，他們和周遭環境的物體，也不存在著任何的相對運動。然而，在他們的坐標系與我們的坐標系之間，是存在著相對速率的，因此，在他們的眼中，我們手中的尺（當然也包括我們），是會收縮變短的。相對論的一個定律，就是只有「別人」才看得到因時空轉換所引起的種種變化。

　　運動中的物體之所以會發生收縮的現象，原因是空間本身收縮

圖16.2 ▶
在尺所處的坐標上，它的長度是
1公尺。在那個坐標上的觀測者
看到我們手中的尺是變短的。相
對論效應總是被認為是發生在
「別人」身上。

圖16.2 ▶
在尺所處的坐標上，它的長度是
1公尺。在那個坐標上的觀測者
看到我們手中的尺是變短的。相
對論效應總是被認為是發生在
「別人」身上。

了。空間的收縮只會沿著一個方向發生，也就是運動的方向。垂直
於運動方向上的長度，對兩個坐標系而言，都是一樣的。所以，如
果有個物體在水平方向上運動，垂直方向的長度並不會有任何變化
（圖16.3）。

相對論性的長度收縮，可以數學式表示如下：

$$L = L_0 \sqrt{1 - (v^2/c^2)}$$

在這個方程式裡，v是運動中的物體相對於觀測者的速率；c是光
速；L是觀測者所測量出來的長度；L_0則是在物體靜止時，所測量
出來的長度。

假設某物體處在靜止狀態，也就是v＝0。當我們把0帶入方程
式中的v以後，會得出L＝L_0，這也剛好與我們的期望相符。我們
之前說過，當物體以87%的光速運動時，物體的長度會收縮爲原來
的一半。當把0.87 c帶入方程式的v時，我們會得到L＝0.5 L_0。或

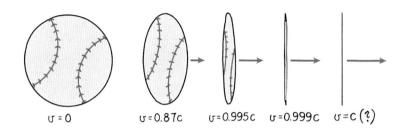

當相對速率增大時，運動方向的收縮程度也就愈明顯。但在垂直方向上的長度，則不會有變化。

是我們把 v 以 0.995 c 帶入，便會得出 L = 0.1 L_0，跟之前說過的一樣。

　　如果這個物體的速率可以達到光速，則它的長度會收縮到零，這就是「光速是所有物體的速率上限」的一個原因。

生物學中的物理

緲子與突變

　　當宇宙線轟擊在大氣層頂端的原子時，會產生新的粒子。其中會有一部分的粒子是「緲子」（muon），這群帶著輻射的粒子，疾速朝著地表接近。緲子的平均壽命，只有百萬分之二秒而已；這麼短的壽命，似乎在它抵達地表之前，就會衰變掉。然而，因為緲子的運動速率幾乎已經接近光速，所以，它與地表的距離，會戲劇性地收縮許多。其實，在每一秒內，都會有數百個緲子打在你身上！這種緲子的撞擊，以及其他所有高速基本粒子的撞擊，會引起生物突變。從這裡，我們看到了相對論效應與地球生物演化上的關聯。

Question

有位正在高速運動的太空人，當他經過一個圓球形的行星時，那個星球看起來成了橢球形（跟蛋一樣）。如果他看到星球截面的橢圓短軸長度，是長軸長度的一半的話，請問他相對於該行星的速率為何？

Answer

他相對於該行星的速率是光速的87%。

16.2 相對論裡的動量與慣性

假如我們用力去推動一個可以自由移動的物體，它會有加速度產生。如果我們維持這個固定的推力，物體會持續加速，速率也會愈來愈快。如果一直增加所施的力，我們預期物體的加速度也會隨著增加。看起來，物體的運動速率似乎會持續地增加，沒有什麼限制，然而，我們學過，光速是宇宙中所有物體的速率極限。事實上，我們沒辦法加速任何的物體，使它的速率達到光速，就更不必說要超過光速了。

我們可以從牛頓第二定律來了解這個道理；牛頓第二定律原本是用動量來表示的：$F = \Delta mv / \Delta t$（從此式又導出我們比較熟悉的$F = ma$ 或 $a = F/m$）。有趣的是，動量的觀念，在相對論裡依然成立。回憶我們在《觀念物理》第 I 冊第 7 章裡所學過的，物體的動量變化，等於外加在該物體上的衝量大小。當外加的衝量增加時，物體所獲得的動量也會增加；衝量加倍時，動量也跟著加倍。外加十倍

的衝量到某物體上時，物體所獲得的動量也會是十倍。這是否意味著，動量可以毫無限制地增加，即使在速度有所限制的條件下？答案是肯定的！

我們學過動量等於物體質量乘以速度。寫成方程式是 p = mv（我們用 p 來表示動量）。對牛頓來說，無限大的動量，表示物體有無限大的速率。然而，在相對論裡卻不是這樣的。愛因斯坦指出，動量需要有一個新的定義，也就是：

$$p = \frac{mv}{\sqrt{1 - (v^2/c^2)}}$$

其中，v 是物體運動的速率；c 是光速。注意，分母裡的平方根，就和上一章裡時間膨脹的公式是一樣的。這個式子告訴我們，質量 m、運動速率 v 的物體，它的相對論性動量，比 mv 要來得大上 $1 \big/ \sqrt{1 - (v^2/c^2)}$ 。

當物體以相對論性速率在運動時，動量的增加是非常戲劇性的。當 v 接近 c 的時候，上式的分母會趨近零。也就是說，動量會趨近於無限大！一個被推到光速的物體，會有無限大的動量，也就是說，需要無限大的衝量才做得到，很明顯地，這是不可能達到的事。所以，任何有質量的物體，都不可能會被加速到光速，現實上，則都比光速要小得多。這也是光速是物體運動速率上限的另一個原因。

當 v 遠小於 c 時，情況又是如何呢？此時的分母幾乎等於 1，然後，p 幾乎等於 mv。所以，在低速的情況下，牛頓對動量的定義是成立的。

我們常說，當一個粒子被加速到接近光速的時候，它的行為很

像質量增加的樣子，這是因為它的動量（所謂「運動的慣性」）增大的程度，大於速率增大的程度。

我們把上式裡的 m 稱為物體的「靜質量」。它是物體的性質之一，不論物體運動的速率為何，它都是一個常數。

所有的次原子粒子，經常都是處在接近光速的速率下。它們的動量大都是數千倍於牛頓所定義的 mv。測量這些高速粒子動量的一個方法，是看它們在拋物線軌跡底下的「僵硬」程度：當粒子的動量愈大時，我們就愈難去偏折它，也就是比較「僵硬」的意思。如果它的動量很大，它抗拒改變路徑的能力也就比較大。

圖 16.4 ▶
如果圖中電子的動量，等於牛頓所定義的 mv 的話，當它受到磁鐵的磁力偏向之後，會延著虛線運動。可是因為相對論性動量比較大的緣故，也就是它有比較大的運動慣性，圖中的電子束會比較「僵硬」一些，因此會沿著實線軌跡運動。

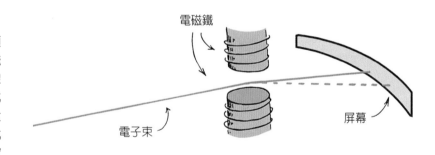

電磁鐵

電子束

屏幕

這個現象，可以從觀測射入磁場中的電子束而得到。帶電粒子在通過磁場時，會因磁力的作用，而偏離它們原本的路徑。對一個動量很小的粒子而言，它的軌跡彎曲程度會比較大。對一個動量較大的粒子來說，軌跡的彎曲程度會比較小，也就是我們說的比較「僵硬」（如圖 16.4）。即使兩個粒子的運動速率非常接近，譬如說，某粒子以 99.9 ％的光速，稍快於另一個 99 ％光速的粒子，它們在動量上的差別，就會相當顯著了，而且，在磁場中的運動軌跡，也會

比較直一些。經由這些實驗，物理學家每天都利用原子加速器上的次原子粒子，來驗證相對論性動量定義的正確性，以及大自然所規定的速率極限。

16.3　質量與能量的等效性

　　愛因斯坦的狹義相對論最偉大的洞見是：質量只是能量的另一個形式。某個物體，即使它是靜止的，而且也沒有跟任何其他物體有交互作用，它還是有它自己「存在的能量」；我們稱這為「靜能」。愛因斯坦認為，製造質量需要消耗能量，而且，當質量消失的時候，會把這些能量釋放出來。事實上，靜質量就是某種形式的位能。質量儲藏能量的方式，就像把一塊大石頭滾上山頂之後，它便儲藏著能量一樣。當某物體的質量減少時，例如在核反應時，能量便會被釋放出來，情況就和石塊從山頂滾下來釋放出能量一樣。

　　靜能 E_0 與質量之間的關係，可以由二十世紀最著名的一個方程式來表示：

$$E_0 = mc^2$$

其中，c 仍然表示著光速。這個方程式告訴我們，某個質量為 m 的靜止物體，所含有的總能量。

　　在常用的測量單位下，光速是個很大的數值，它的平方就更大了。這裡所代表的意義是，一個很小的質量，便儲藏了很多能量。c^2 就是二者之間的「轉換因子」，它把測量出來的質量轉換成等效的能量，或說它是靜能對質量的比值：$E_0/m = c^2$。從表面上看起來，

這兩個方程式與光或是運動，都沒有關係。c^2的大小是每公斤9千兆（9×10^{16}）焦耳；也就是說，某個質量1公斤的物體，便儲藏有9千兆焦耳的「存在的能量」。即使是一粒只有1毫克（千分之一公克）的灰塵，也具有9百億焦耳的靜能。

跟所有的能量一樣，靜能也可以轉換成其他種不同的形式。例如，當我們點燃一根火柴棒時，熱量由於所發生的化學反應而釋放出來。火柴棒中的磷原子，重新調整了自己的排列方式，並與空氣中的氧氣結合而形成新的分子；新產生的分子，與之前的氧分子與磷原子相比，在質量上會稍稍減少。從質量的觀點，新化合物的整體質量，稍微小於組成化合物之前的質量總和；其間的差異，不過是總質量的十億分之幾。對所有產生能量的化學反應來說，都有一個相對應的質量損失。

然而，在核反應裡，靜質量的減少程度大約是千分之幾，遠大於化學反應減少的程度。太陽上正在發生中的熱核融合反應，會造成太陽質量的減少；而就是這些減少的質量，讓太陽系籠罩在輻射能底下，也孕育著生命（光與熱也是輻射能的一部分）。太陽在現階段所進行的核融合反應，其實已經進行50億年了，而剩餘的氫燃料，還足夠供應太陽另外50億年的核融合反應。有個這麼大的太陽，實在是件不錯的事！

$E_0 = mc^2$這個方程式，並不是只適用於化學反應或核反應。任何靜止物體的能量變化，都會伴隨有質量上的改變。燈泡裡的燈絲，當它在通電發光時，比起在關掉不發光時，會有較多的質量。一杯熱茶，也比它在冷的時候，還有更多的質量。一個上緊了發條的時鐘，比發條鬆了以後的時鐘，要有更多的質量。然而，這些例子所包含的質量變化，都是非常非常小的量，其微小的程度，小到無法

▲圖16.5
每一秒鐘，都有450萬噸的靜質量，在太陽裡被轉換成能量。所幸，太陽的質量非常大，所以，太陽每一百萬年所轉換出來的輻射能，只有它靜質量的千萬分之一而已。

用傳統的方法測量出來。這也難怪，爲什麼質量與能量之間的這個基本關係，會一直隱藏到二十世紀才被發現。

此外，$E_0 = mc^2$ 這個方程式所代表的意義，不僅僅是靜質量與其他能量形式之間的互換而已。它所呈現的意義是：能量與質量是相同的東西。質量可說是一種「凝結的」能量。如果你想知道某個系統具有多少能量，測量它的質量就可以了。對一個靜止的物體來說，它的能量就是它的質量。要來回搖動一個質量巨大的物體，感覺很困難，原因在於是它本身所具有能量，讓它很難被搖動。

Question

關於 $E_0 = mc^2$ 這個方程式，我們能不能換個方式來看，把它說成是：當物體以光速的平方運動時，物體的質量會完全轉換成能量？

Answer

不！不！不！物體是不可能以光速運動的，就更不用說是光速的平方（這根本就不是一個速率！）了。$E_0 = mc^2$ 這個方程式的意義，就只是說能量與質量是「一個銅板的兩面」而已。

16.4　相對論裡的動能

愛因斯坦也處理了運動中物體的能量。關於質量 m 的物體，在運動中的總能量，他所得出的關係式爲：

$$E = \frac{mc^2}{\sqrt{1 - (v^2/c^2)}}$$

現在，注意這個再次出現於分母中的平方根。如果物體是靜止的，我們可以令 v 等於 0，然後分母會等於 1，於是這個公式就變成了有名的靜質量公式：$E_0 = mc^2$。然而，如果物體是在運動中，分母會小於 1，而物體的總能量也就會大於靜止時的 mc^2。

想想次原子粒子，或是未來可能的太空船，當它們移動的速率接近到光速時，會是什麼光景。此時分母的值，會變得相當小，而總能量 E 則會變得比靜能 mc^2 大很多。如果速率可以被推到光速，E 則會變成無限大。我們又再一次地看到，為什麼沒有任何物體可以以光速運動。因為這將需要無限大的能量才辦得到。到目前為止，科學家還無法想像，科幻小說中提到的「彎曲速率」，會有變成真實的一天。

由於這個修改過的公式，也適用於運動中的物體，所以，我們很自然地可以聯想到，動能就等於總能量與靜能的「差」。因此，動能等於：

$$KE = \frac{mc^2}{\sqrt{1 - (v^2/c^2)}} - mc^2$$

這個方程式看起來有點複雜，也與古典的 $KE = 1/2\ mv^2$ 相當不同。雖然，在日常的低速情況下，我們可以從數學的推算中看出來，相對論性動能會化約成我們所熟悉的 $KE = 1/2\ mv^2$。不過，在高速的情形下，物體的實際動能還是大於 $1/2\ mv^2$ 的。

經過前面幾頁的討論，這裡有兩個重點要再次強調一下：

(1)即使物體在靜止狀態，它還是具備有能量的；這個能量
　　是被「鎖」在它的質量裡。

(2)當物體的運動速率達到光速時，它的動量與能量都會變
　　成無限大，因此，沒有任何辦法可以讓物體達到光速。

　　當然，至少有一樣東西可以達到光速，那就是光本身！可是光
並沒有靜質量。對光而言，適用的方程式不同。相對論只告訴我
們：光永遠以相同的速率前進；任何實體粒子（指有質量者）都沒
辦法被加速到光速；而且，光也沒辦法靜止下來。

16.5　對應原理

　　如果我們要說一個新的理論是正確的、有效的，那麼這個新的
理論必要足以說明舊理論所印證過的實驗或現象。新、舊理論之
間，必須要有所重疊；在舊理論印證過的範疇上，也必須有著一致
的結論。這項要求，就是所謂的「對應原理」。它是在二十世紀初，
被波耳（Niels Bohr, 1885-1962，丹麥物理學家，1922年諾貝爾物理
獎得主）視爲一項原理而提出來的，當時，也正是牛頓力學遭到量
子力學與相對論挑戰的時候。假如狹義相對論（或其他任何新的理
論）中的方程式是正確的，那麼，當我們在考慮速率遠低於光速的
情況時，它們必須要能對應於牛頓力學（也就是古典力學）中的方
程式。

　　狹義相對論中關於時間膨脹、長度收縮以及動量的方程式是：

$$t = \frac{t_o}{\sqrt{1-(v^2/c^2)}}$$

$$L = L_o\sqrt{1-(v^2/c^2)}$$

$$p = \frac{mv}{\sqrt{1-(v^2/c^2)}}$$

我們可以看得出來，這些方程式的值，在物體運動速率遠低於光速c的條件下，會與牛頓力學的值相符。在低速的情況下，（v/c^2）的值相當小，而對日常生活中的速率而言，這個值會等於零。因此，上面狹義相對論的公式就會變成：

$$t = \frac{t_o}{\sqrt{1-0}} = t_o$$

$$L = L_o\sqrt{1-0} = L_o$$

$$p = \frac{mv}{\sqrt{1-0}} = mv$$

所以，在日常生活的速率下，運動中物體的時間與長度，在本質上是沒有改變的。此外，牛頓的動量方程式，一直都是正確的（牛頓的動能方程式也是正確的）。然而，在速率接近光速的時候，事情便有了戲劇性的變化。雖然說狹義相對論的公式，只有在速率接近光速的條件下，才有顯著不同於牛頓力學的結果，但是，對任何的速率而言，它們都是正確的。

從這裡，我們看到了，科學上的新進展並不會摒棄掉原有的想法或技術，而是擴大這些舊理論的範疇，從中顯示出新的意涵。

科技與社會

科學家與社會責任

原子彈是愛因斯坦相對論的一項產品。愛因斯坦與其他科學家，都驚懼於它巨大的破壞力，而且也公開討論這個問題。因爲他們的理論導致了原子彈的誕生，所以，他們覺得自己在核能的創造與使用上，也都擔負著部分責任。今天，許多科學家都覺得，自己對他們的科研成果所造成的社會影響，應該負起相當的責任。

然而，也有另一部分的科學家認爲，科學家的角色應該只專注在科學的問題上就好了。他們認爲，在公共政策上，科學家並不具備特別的專業知識，而且，只有當科學研究未受到任何限制時，社會才會獲得最大的利益。

科學對世界改變的影響，是非常巨大的。這股力量，可以被明智地運用，也可以被愚蠢的使用，其中所涉及的，往往是短期或長期利益、政治與目標的考量。科學家是釋放這股科學力量的管道。

你認爲，在思考科學所造成的社會影響上，科學家應該擔負多少責任？科學家是否比其他公民更有資格去影響公共政策的走向？

愛因斯坦從未宣稱，原有經過證實的物理定律是錯誤的，相反地，他展現出隱藏在這些物理定律之後，尚未爲人所熟知的意義。

愛因斯坦的相對論引發了很多哲學上的討論。例如：時間到底

是什麼？我們能否說，大自然的本質就是，不是每件事都是同時發生的？以及，為什麼時間總是好像只沿著單方向前進？時間真的只能向前進嗎？是否可能在宇宙中的某處，時間是倒著走的？

也許未來的物理學家，可以回答目前這些沒有解答的問題，那將多麼令人興奮啊！

觀念一把抓

觀念摘要

當一個物體相對於觀測者，以非常高的速率運動時，在它運動方向所測量出來的長度，會有收縮變短的現象。

當一個物體相對於觀測者，以非常高的速率運動時，它的動量（也就是運動的慣性）會比牛頓定義的 mv 值還來得大。

質量與能量是等效的：只要有質量的物體，便具有能量。靜能可由公式 $E_0 = mc^2$ 算出。

只有當物體釋放出來的能量非常非常大時，我們才能測量到它所減輕的質量。

不論是何種反應，只要我們考慮到因靜質量變化而產生的能量，那麼，反應前後的總能量是守恆（沒有改變）的。

當物體的運動速率趨近光速時，它的動量與總能量也會同時趨近無限大。

根據「對應原理」，相對論中的所有方程式，在物體運動速率遠小於光速的時候，必須與牛頓力學的計算結果相同。

重要名詞解釋

相對論性動量　relativistic momentum　接近光速的極高速物體所帶的動量。

靜質量　rest mass　與速度和能量無關的一種固定性質，是物體的內含質量。（16.2）

靜能　rest energy　物質中所存在的能量，即 $E_0 = mc^2$。（16.3）

相對論性動能　relativistic kinetic energy　接近光速的極高速物體所擁有的動能。（16.4）

對應原理　correspondence principle　如果新的理論令人信服，它必須在舊理論也可應用的範圍中亦能驗證所得的結果。（16.5）

借題複習

1. 假如我們可以目睹某個發生在另一個參考坐標系的事件，在這個參考坐標系裡，我們所觀測到的時間呈現出延遲（膨脹）的現象。請問在那個參考坐標系中的物體長度，看起來是什麼模樣？（16.1）

2. 假如我們能以光速99.5%的速率，像擲標槍一樣拋出一把尺，請問它看起來的長度會是多少？（16.1）

3. 假如有一把尺，以99.5%的光速「橫著」飛行，它在垂直於運動方向上的長度會是若干？（為什麼你的答案會與上一題的答案不同？）（16.1）

4. 如果你正坐在一艘高速飛行的太空船中，手上也有一把尺，在你看來，這把尺會不會有收縮變短的現象？說說你的理由。

（16.1）

5. 當一個物體被加速到光速時，它所具有的動量為何？（16.2）

6.「靜質量」的意義是什麼？（16.3）

7. 當一束帶電粒子高速通過磁場，受到磁場作用而發生偏向時，有什麼相對論性效應出現？（16.3）

8.「質量與能量的等效性」是什麼意思？也就是說方程式 $E_0 = mc^2$ 的意義為何？（16.3）

9. 靜能對靜質量的比值大小為何？（16.3）

10. 方程式 $E_0 = mc^2$ 是否只適用於涉及原子核的反應？（16.3）

11. 有什麼證據可以證明質量與能量的等效性？（16.3）

12. 太陽能對太陽的質量有什麼影響？（16.3）

13. 物體在靜止時，本身就有一種「存在的能量」（$E_0 = mc^2$）。當這個物體在運動時，它所具有的總能量是等於、大於或小於 $E_0 = mc^2$？（16.4）

14. 當物體以低速運動時，動能的相對論性方程式可否化約成牛頓的動能方程式？（16.4）

15. 如果某粒子以光速在運動，它的動能會是多少？（16.4）

16. 什麼是「對應原理」？（16.5）

17. 在日常生活這種低速的情況下，相對論性公式的時間與長度會變成怎樣（16.5）

18. 在牛頓與愛因斯坦的這兩組公式之間，是否有所重疊？還是有個明確的界限？（16.5）

想清楚，說明白

1. 假設你所搭乘的太空船，以接近光速的速率通過地球，而且，在地球上的觀測者告訴你，你的太空船看起來變短了。如果叫你去測量自己太空船的長度，來驗證他們的觀測結果，你覺得如何？

2. 從地球上看來，地球與我們這個銀河的中心相距 24,000 光年。請問，若改成從地球飛往銀河中心的某個光子上觀測，兩地的距離為何？

3. 根據牛頓定律，假如你對某物體施加一個衝量，該物體會產生加速度。是什麼因素讓物體無法加速到或是超過光速呢？

4. 加州史丹福大學有一個 2 英里長的線性加速器，然而，對在裡面飛行的電子而言，它的長度還不到 1 公尺呢！為什麼會這樣？

5. 假設你可以跟史丹福大學加速器內的電子一起旅行，當它們被加速以後，以接近光速的速率朝著目標滑行時：

   (a)在你的參考坐標系看來，電子的動量為何？能量又為何？

   (b)從你的參考坐標系看來，這個加速器的長度為何？又你所看到的「目標」在做什麼運動？

6. 從映像管打到電視螢幕上的電子速率，大約是 0.25 c。在這個速率底下，根據相對論所計算出來的動量，可以詮釋成電子具有額外 3% 的等效質量。這個相對論性效應，對你家的電費帳單會不會有什麼影響？

7. 我們知道對運動中的粒子而言，在速率上有個上限，這是否意味著，它也有個動能與動量上的上限存在？說說你的理由。

8. 有人說，$E_0 = mc^2$ 這個方程式只適用於核能發電廠，而跟火力發電廠沒什麼關係。你同意嗎？你會怎麼回答呢？

9. 請問底下這則貼在某消費性產品上的警告標示，是否會引起消費者的注意？

> 警告：本產品的質量，每1公克中皆含有相當於
> 3百萬噸TNT炸藥的能量。

10. 請給出三個理由說明，爲什麼對宇宙的所有粒子，都有一個速率上限存在？

實戰演練

1. 小華搭乘一艘以速率0.8 c飛行的太空船，前往一顆距離4光年遠的恆星。從小華的坐標系來看，他與那顆恆星間的距離是多少光年？

2. 電子的靜質量是9.11×10^{-31}公斤，當它在1公里長的加速器中，以0.95 c的平均速率運動時：

   (a)從電子的參考坐標系來看，加速器的長度爲何？

   (b)從電子的參考坐標系來看，這趟旅程所經過的時間爲何？

3. 100瓦的燈泡，每秒會消耗100焦耳的能量。請問這個燈泡需要多久的時間，才會消耗掉一個1塊錢硬幣（質量約0.003公斤）所具有的質量？（假設這個硬幣的質量，可以完全轉換成能量。）

圖片來源

本書卡通插畫，皆由作者休伊特（Paul Hewitt）所繪。

取自英文原著照片，作者提供：

11.20

取自美國航太總署（NASA）網站：

9.13, 14.14

中文版附圖，購自富爾特影像圖庫：

p.32 上圖, 10.22, 11.22, p.65 上圖, 12.12, p.116, 14.8, p.141, 15.1,

15.24

中文版附圖，購自連線公司之影像圖片庫：

p.8 上圖

中文版附圖，邱意惠 繪：

10.11, 10.19, 11.5, 11.19, 11.25

18頓美味早餐
通識一門物理課

早餐＝營養＋快速＋活力
物理＝臆想＋實證＋推理
早餐＋物理＝物理超Easy！

物理早自習

阿札羅夫　著　葉偉文　譯

■定價 290元　　■書號 WS094

　　這是一本對話形式的故事書，是物理學家阿札羅夫和不熟悉物理的妻子貝慈，每天早餐時間的閒談。閒談的內容就從「第一位物理學家是誰？」開始，搭配了貝慈每天準備的美味早餐，例如高「質量」班尼迪克蛋、蘋果「重力」薄煎餅……阿札羅夫借題發揮，用18頓早餐時間，道出四百年來、數十位大物理學家的軼事與大發現，勾勒出一部物理簡史。

　　如果你以為物理學就是一堆惱人的公式，這本書可以幫助你撥開迷霧，直接見識到物理學的精華。如果你學過物理，只知其然卻不知所以然，只要輕鬆自修《物理早自習》，就能對「萬物之理」獲得前所未有的洞識。

如果課本像漫畫……

中學課本太乏味，費曼的講義又太難，《看漫畫，學物理》才能幫我們打開物理世界的大門。

看漫畫，學物理

高尼克、霍夫曼　著　葉偉文　譯

■定價 300元 ■書號 WS046

慣性、動量、能量、速度、加速度、電流、電壓、電阻、電磁感應、相對論……，這些物理課本中的名詞是否讓你很苦惱？就算你把它們的定義和公式統統背起來，還是很難和身旁的東西連起來。

為什麼車子緊急煞車時，你會往前衝？什麼方法能讓你最快減重下來？為什麼水力可以發電，而且發出來的電能要用高壓電傳輸？為什麼電磁效應可以讓電車煞車，也可以讓汽車起動？除了這些日常生活中隨處遇到的物理之外，即使是相對論、量子力學這些高深的物理，這本書都能透過詳細的圖解、生動的文字、幽默的對話，讓你一邊看逗趣的漫畫，一邊用新鮮的方式學物理。

學化學，就從
看漫畫開始！

用《看漫畫，學化學》
治療你的化學恐懼症！

看漫畫，學化學

高尼克、柯瑞多 著　蔡信行 譯

■定價 300元　■書號 WS067

　　說到化學，大家都會想到刺鼻的化學藥品、實驗室中的瓶瓶罐罐、難搞的化學式，這一切都讓人頭暈腦脹……但化學真的這麼無趣嗎？當然不是！

　　《看漫畫，學化學》就要用幽默的漫畫，帶你一窺精采的化學世界。出汗為什麼能降低體溫？美乃滋是怎麼造出來的？汽水開瓶後為什麼會嘶嘶作響？冰淇淋為什麼能有軟綿綿的口感？煮麵條時為什麼要在水中加鹽巴？

　　生活中遇到的問題，都可以在本書中找到簡單的化學解答，讓你一看就明白。別再猶豫了，想學化學，就從看漫畫開始！

輕鬆搞定遺傳學！

《看漫畫，學遺傳》讓教科書為之汗顏。

——梅索森（Matthew Meselson）
美國哈佛大學分子遺傳學權威

看漫畫，學遺傳

高尼克、惠理斯 著 師明睿 譯

■定價 300元 ■書號 WS047

　父母的長相是怎麼遺傳給小孩的？這好像跟基因有關，基因究竟是什麼？

　染色體、DNA、顯性跟隱性、基因型跟表現型……這些名詞又各代表什麼意思？

　上生物課時，你是否常常讓遺傳學名詞弄得暈頭轉向，課本怎麼也看不懂？趕快打開這本已經享譽十餘年的漫畫經典吧，一起來看漫畫，學遺傳。

　逗趣的漫畫、生動的文字，為你把遺傳學的道理仔細說清楚。從最基礎的遺傳學知識（譬如孟德爾的遺傳法則、細胞分裂、基因的複製與突變），到基因工程技術的各種應用（例如基因選殖、試管嬰兒，以及引發爭議的複製人），都能一次輕鬆搞定。

一網打盡 統計重點！

統計新手的最佳入門寶典；
統計老手的最讚公式祕笈！

看漫畫,學統計

高尼克、史密斯　著　鄭惟厚　譯

■定價 300元　■書號 WS048

　　統計一直讓人又愛又怕,但又不能沒有它!新聞說,政府的施政滿意度是59%,可是沒人來問過我的意見,這個數字到底是怎麼來的?天氣預測說,明天下雨的機率是75%,這是說出門只要帶3/4把傘嗎?醫學專家說,SARS患者的死亡率只有5%,所以大家都應該放心了嗎?這些重要的資訊,統統是統計數字,但你真的懂得箇中含意嗎?

　　《看漫畫,學統計》,能讓你輕鬆解除統計迷惑,掌握統計重點。書中用有趣的漫畫來介紹艱深的統計學,使原本看起來可能枯燥無聊的公式,也變得輕鬆易懂;而且内容幾乎涵蓋所有統計重點,能讓你對統計有全面廣泛的了解。

最有趣的環境科學入門書！

本書獲 Amazon 網站所有讀者
五顆星好評

看漫畫，學環保

高尼克、奧華特　著　陳瑞清　譯

■定價 300元　■書號 WS049

　　四處蔓延的傳染病，竟成了我們最大的恐懼！瘟疫究竟是怎麼爆發的？

　　政府規定大家做資源回收、購物自備環保袋，不少人覺得不方便。但是你可能從沒想過，每天製造出來的垃圾都到哪兒去了？

　　日常生活中，許許多多與環境、生態有關的話題，常常在耳邊迴盪。我們知道環保很重要，卻不明白為什麼要那樣做環保。

　　環保絕不是魯莽無知的行動，環保必須以智識為基礎。這一本最有趣、最有價值的環境科學入門書，可以為所有的大人與小孩，深入淺出的介紹生態與環保知識，解答關於環境的種種疑問。

　　打開《看漫畫，學環保》，就打開了環保的新希望！

史上最性趣盎然的漫畫！

課本太無聊，A片太偏頗，
正確的性觀念到底為何？
本書為你解開所有疑惑！

看漫畫，學SEX

高尼克、德渥特 著 林文斌 譯

■定價 300元 ■書號 WS050

　愛是什麼？他這麼做到底愛不愛我？性是可做不可說的嗎？我只知道性姿勢，不知道性知識？該怎麼保護自己和所愛的人呢？兩性之間該如何互動？

　《看漫畫，學Sex》以不扭捏也不說教，清楚且幽默的筆調與漫畫，明明白白告訴讀者：愛要怎麼說，愛該怎麼做！

　有了這本書，父母對孩子解釋性問題時，就不再會結巴臉紅，書中精確的圖解、幽默的漫畫，讓親子在笑聲中輕鬆學習正確的性知識。而青少年看了這本書，就能更清楚了解自己及異性的生理與心理變化，消彌對性的焦慮、疑惑與衝動，平安度過徬徨少年時。

最偉大的物理導師！

費曼是他那個時代，
以及我們這個時代的教師裡面，
最偉大的一位。

費曼的六堂Easy物理課

理查·費曼　著　師明睿　譯

■定價 240元　■書號 WS023

　　這六堂簡單的物理課，包括「運動中的原子」、「基本物理學」、「物理學與其他科學的關係」、「能量守恆」、「重力理論」和「量子行為」，是直接從三巨冊的《費曼物理學講義》精選出來的，跨越了物理學的好幾個領域，從力學到熱力學，再到原子物理。

　　費曼最是擅長利用淺顯的基本概念、極少的數學演算、極少的專業術語，而能引發出廣博深遠的各種物理見解。

　　這本書提供了一個體驗費曼物理觀的引子，已經成為非科學家的物理學入門，也常用來當作介紹費曼這位物理巨人的初階讀物。

費曼風格，
無與倫比！

即便愛因斯坦在世，也無法把相對論
解說得如此淺白生動。

費曼的六堂Easy相對論

理查·費曼 著　師明睿 譯

■定價 240元　■書號 WS024

　　這六堂課也是從三巨冊的《費曼物理學講義》精選出來的。它有一個跟
《費曼的6堂Easy物理課》不太一樣的地方，就是這6篇講義全部圍繞著同
一個焦點主題：相對論。這個主題曾經引起近代物理學史上許多最革命性
的發現，以及一些完全出人意表的理論，諸如從黑洞到蛀孔、從原子能到
時間彎曲。

　　即使是偉大的相對論之父，愛因斯坦本人，也似乎比不上這位費曼先
生，能夠把愛因斯坦這套理論的內外精華、有什麼妙用、所涉及的基本觀
念，解釋得如此完美，直教人不得不擊節讚嘆。

費雪教授掰物理

「搞笑諾貝爾物理獎」得主費雪教授
告訴你如何用科學方法
讓酥餅泡花生湯會更好吃？

搞笑學物理

費雪 著　葉偉文 譯

■定價 330元　■書號 WS076

　　你想知道，用槌子釘釘子時，是要全力一擊比較好？或是小力一點、多搥幾下比較好？回力棒要怎麼設計、怎麼丟，才能創造世界紀錄？接球這種運動，可以用什麼樣的方程式來描述？洋蔥要怎麼吃，才會吃起來像蘋果？如何從不同家超市的帳單，判斷哪一家的定價比較貴？泡沫是如何形成的？精子怎麼游泳？

　　利用我們熟悉的事務，是獲得科學觀念最有效的方法之一。費雪教授藉著這些日常活動，為我們敲開科學的大門。

從搞怪中，推動科學前進

用搞笑的故事，
介紹歷史上最搞怪的實驗、
最堅持己見的科學家

靈魂有多重？── 歷史上最搞怪的實驗

費雪 著 葉偉文 譯

■定價 300元　　■書號 WS090

　　二十世紀初，有一個醫生想知道靈魂到底有沒有重量，他嘗試測量人在瀕死之時體重的變化，認為減輕的部分就是靈魂的重量。聽起來恐怖又搞怪，是吧？但真正的科學進展就是這樣：總是有科學家想出一些當代人斥為荒謬的想法，但他們不顧別人的冷嘲熱諷，不管別人的反對甚至迫害，仍然堅持己見。這些想法中，有些真的行不通，有些無法存活太久，但也有一些歷經各種考驗，成為後代科學家奉行的準則。搞笑諾貝爾物理獎得主費雪在《靈魂有多重？》中講的，就是這些勇於堅持己見的科學家，提出了哪些搞怪的想法，讓科學巨輪跳脫常軌，加速前進。

害怕被唬得暈頭轉向？

天天用得到的統計常識，
讓你看清生活大小事！

你不能不懂的統計常識

鄭惟厚　著

■定價 180元　■書號 WS093

買樂透，號碼組合看起來愈不規則的，愈容易中？選舉將屆，各式民調結果出爐，想知道最準確的解讀方式？明星美容書上說，經過親身使用的比較結果，A產品的美白效果勝出，你會毫不猶疑趕快買來試試？醫學研究時有重大發現，但「低脂飲食無助防癌救心」、「維他命丸愈吃愈早死」這些說法真的可信？日常生活裡，隨時都會看到、聽到或用到一籮筐的數據，這些數據幾乎全都是「統計結果」的化身！沒有艱澀的統計理論、複雜的長串算式，本書中只有天天都用得到的統計常識；就算你曾經害怕數學、討厭數學，也能學會如何看穿在數據背後的真相。

國家圖書館出版品預行編目資料

觀念物理II：轉動力學・萬有引力／休伊特（Paul G.
Hewitt）著；蔡坤憲譯.-- 第二版.-- 臺北市：天下遠見，
2008.06
面；公分.--（科學天地；202）
譯自：Conceptual physics : the high school
physics program, 2nd ed.
ISBN 978-986-216-146-3（平裝）

1. 物理學 2.教學法 3.中等教育

524.36   97009612

典藏天下文化叢書的 **5** 種方法

1. 網路訂購
歡迎全球讀者上網訂購，最快速、方便、安全的選擇
天下文化書坊 www.bookzone.com.tw

2. 請至鄰近各大書局選購

3. 團體訂購，另享優惠
請洽讀者服務專線 (02) 2662-0012 或 (02) 2517-3688 分機 904
單次訂購超過新台幣一萬元，台北市享有專人送書服務。

4. 加入天下遠見讀書俱樂部
■ 到專屬網站 rs.bookzone.com.tw 登錄「會員邀請書」
■ 到郵局劃撥 帳號：19581543 戶名：天下遠見出版股份有限公司
　（請在劃撥單通訊處註明會員身分證字號、姓名、電話和地址）

5. 親至天下遠見文化事業群專屬書店「93巷・人文空間」選購
地址：台北市松江路93巷2號1樓 電話：(02) 2509-5085

科學天地 202

觀念物理 II

轉動力學‧萬有引力

原　　著／休伊特
譯　　者／蔡坤憲
顧 問 群／林和、牟中原、李國偉、周成功
系列主編／林榮崧
責任編輯／王季蘭、張孟媛
封面設計暨美術編輯／江儀玲

出 版 者／天下遠見出版股份有限公司
創 辦 人／高希均、王力行
遠見‧天下文化‧事業群　董事長／高希均
事業群發行人／CEO／王力行
天下文化編輯部總監／林榮崧
版權暨國際合作開發協理／張茂芸
法律顧問／理律法律事務所陳長文律師　　著作權顧問／魏啟翔律師
社　　址／台北市104松江路93巷1號2樓
讀者服務專線／（02）2662-0012　　傳真／（02）2662-0007　2662-0009
電子信箱／cwpc@cwgv.com.tw
直接郵撥帳號／1326703-6號　天下遠見出版股份有限公司

電腦排版／凱立國際資訊股份有限公司
製 版 廠／凱立國際資訊股份有限公司
印 刷 廠／華展彩色印刷股份有限公司
裝 訂 廠／台興裝訂廠
登 記 證／局版台業字第2517號
總 經 銷／大和書報圖書股份有限公司　電話/（02）8990-2588
出版日期／2001年6月30日第一版
　　　　　2008年8月10日第二版第3次印行

書　　號／WS202
定　　價／380元

原著書名／Conceptual Physics : The High School Physics Program
　　　　　by Paul G. Hewitt
Copyright © 1999 by Addison Wesley Longman, Inc.
Complex Chinese Edition Copyright © 2001, 2008 by Commonwealth Publishing Co., Ltd.,
a member of Commonwealth Publishing Group
Published by arrangement with Pearson Education, Inc.
ALL RIGHTS RESERVED
ISBN: 978-986-216-146-3　（英文版ISBN：0-201-33287-6）

BOOKZONE 天下文化書坊　http://www.bookzone.com.tw